ENCYCLOPEDIE DE LA VIE SEXUELLE

69,-

Dans la même série,
trois autres volumes :
7/9 ans,
Adolescents,
Adultes.

ENCYCLOPEDIE DE LA VIE SEXUELLE

10-13 ANS

DOCTEUR JACQUELINE KAHN-NATHAN

Gynécologue

Ancien Chef de clinique gynécologique à la Faculté de Médecine de Paris

DOCTEUR JEAN COHEN

Gynécologue-accoucheur

Ancien Chef de clinique gynécologique et obstétricale à la Faculté de Médecine de Paris

DOCTEUR GILBERT TORDJMAN

Diplômé d'études de pédiatrie et de gynécologie

Président de l'Association mondiale de sexologie

Secrétaire général de la Société française de sexologie clinique

DOCTEUR CHRISTIANE VERDOUX

Gynécologue

Ancien interne des Hôpitaux de Paris

Illustrations de
MARTINE LAURENT

Dessins anatomiques de
RAY BRET KOCH

HACHETTE
Jeunesse

Ce matin-là, Jean et Sylvie entrouvrent la porte doucement afin de ne pas réveiller leur mère. Mais maman ne dort pas ; et dès qu'elle aperçoit leurs têtes dans l'encadrement, elle pouffe de rire. Aussitôt, les deux enfants se précipitent dans la chambre et viennent se blottir contre elle. Jean, qui est un peu jaloux, repousse Sylvie. Papa s'approche, embrasse Blandine et demanda :

– Comment te sens-tu, ma chérie ?

– Bien... très bien... répond maman.

Elle a la bouche sèche et pâteuse. Un mèche de cheveux est collée sur son front. Ses yeux sont étrangement beaux et profonds, comme agrandis par la fatigue et la tendresse. Sylvie s'assoit sur le bord du lit et regarde le ventre rond de sa maman. Blandine devait avoir trop chaud car elle a repoussé les couvertures au fond du lit. Sylvie aimerait bien caresser le ventre de maman qui ressemble ainsi, à une mappemonde ; mais elle n'ose pas.

– Est-ce que Julien a bougé dans ton ventre ? demande-t-elle. Depuis qu'elle sait que maman va accoucher d'un petit frère, elle pose toujours la même question.

– Oui, ma chérie, répond Blandine. Il bouge souvent en ce moment. Il doit avoir envie d'être avec nous.

Sylvie se mord les lèvres et regarde fixement le ventre. Elle a beau savoir que son petit frère est là, tout près, dans le ventre de maman, elle n'arrive pas vraiment à y croire et encore moins à imaginer à quoi il ressemble. Est-ce qu'il a déjà des cheveux ? Et des grands pieds, comme moi ? pense-t-elle. Car depuis quelque temps, c'est sa grande inquiétude. Chausser du 36 à onze ans, voilà qui n'est pas ordinaire. Et quand elle se dispute avec son frère, Jean finit toujours par se moquer de ses pieds.

D'ailleurs, Jean, il peut bien jouer les fanfarons et faire semblant de tout savoir sous prétexte qu'il est de deux ans son aîné, il n'en sait pas plus qu'elle ! Et lui aussi, il est très intrigué par la venue de ce petit frère.

– Tu connais, la différence entre un chat peint en vert et un éléphant d'Asie ? demande soudain Jean, qui passe son temps à raconter des blagues ou à poser des devinettes.

– Heu, non, répond maman, en souriant. En fait, elle la connaît. Jean la lui a déjà posée.

– Si, elle la connaît, et moi aussi, et papa aussi, s'exclame Sylvie. Tu nous l'as déjà sortie cent fois !

Jean s'étrangle de colère. Il a les larmes aux yeux. Maman et papa sont obligés de les apaiser.

– Voyons, vous allez fatiguer maman, dit papa. Aussitôt les deux enfants se calment et baissent les yeux, penauds. Pour rien au monde, ils ne voudraient déranger maman et... Julien.

Maman bâille doucement. Papa, Jean et Sylvie échangent un rapide coup d'œil et décident de laisser maman tranquille. Ils l'embrassent et sortent en refermant la porte derrière eux.

Une fois dans le couloir, Jean demande à papa s'il veut bien leur lire le livre sur la vie sexuelle que papa et maman leur ont offert pour Noël. Papa accepte de bon cœur et ils vont dans le bureau-bibliothèque, un capharnaüm qui sent le bon tabac pour la pipe. Jean et Sylvie adorent cette pièce. Sur le mur, près de la fenêtre, il y a une grande carte murale où l'on peut suivre les voyages de Marco Polo et de Christophe Colomb. Il y a aussi une maquette de voilier, et tout plein de livres sur les grands explorateurs. Papa doit repousser une pile de dossiers pour trouver un peu de place. Tous trois s'assoient devant le livre illustré de dessins et de photos. Jean et Sylvie sont graves et attentifs.

– Vus de dos, dit Papa de sa grosse voix, vous vous ressemblez beaucoup, mais de face, il y a une différence essentielle. Il est facile de voir que vous êtes différents. Toi, Jean, tu as une verge au bas du ventre, qui te sert à faire pipi. C'est le pénis.
– En dessous, j'ai encore quelque chose, une sorte de petit sac, dit le garçon plein de courage...
– C'est le scrotum. Ce sac qu'on appelle les bourses, contient deux petites boules un peu allongées. Ce sont des glandes que l'on appelle des testicules. Souvent, les garçons de ton âge appellent ça des couilles, mais le vrai nom c'est testicules.

Sylvie soupire : – Et moi j'ai une fente. Je n'ai pas de pénis, ni de testi... heu, comme tu dis.
– Mais si, ma chérie, tu as aussi des organes sexuels cachés à l'intérieur de ton ventre. Entre les os de tes hanches ; il y a un creux, le bassin. Et dans ce bassin, deux boules.
– Encore des boules ? Comme Jean, alors ?
– Ce sont des glandes comme les testicules, qui s'appellent « ovaires », dit papa amusé. Malgré leur ressemblance, glandes féminines et masculines ont un fonctionnement tout à fait différent comme nous le verrons. À la place du pénis, tu as un canal : le vagin.
– Ah ! moi, j'ai un vagin ! dit Sylvie, très contente d'elle...
– Et l'ouverture du vagin, c'est la fente que tu as, entre deux bourrelets de chair, qui s'appelle « la vulve ». Et tu possèdes aussi deux trous. L'un pour faire pipi, et l'autre en arrière, appelé exactement « anus ».

Jean réfléchit puis demande :
– Nous avions tout ça en naissant ? Vous avez vu tout de suite que j'étais un garçon et Sylvie une fille ?
– Nous l'avons vu immédiatement ! dit papa. Dès la naissance, la différence est évidente.
– Et les testicules et les ovaires, continue Jean,

c'est utile ? Ces glandes que nous avons tous les deux... Ça sert à quelque chose ?

– Je crois bien ! Elles fabriquent des « hormones ». Ce sont des produits chimiques qui circulent dans le sang pour envoyer des messages à différentes parties du corps.

Et papa poursuit très sérieusement : – Sous l'influence des hormones, les organes sexuels – masculin ou féminin – se développent quand le bébé est encore dans le ventre de sa mère. Le rôle des glandes est donc très important.

– Moi, je n'y comprends rien ! affirme Sylvie en fronçant le nez.

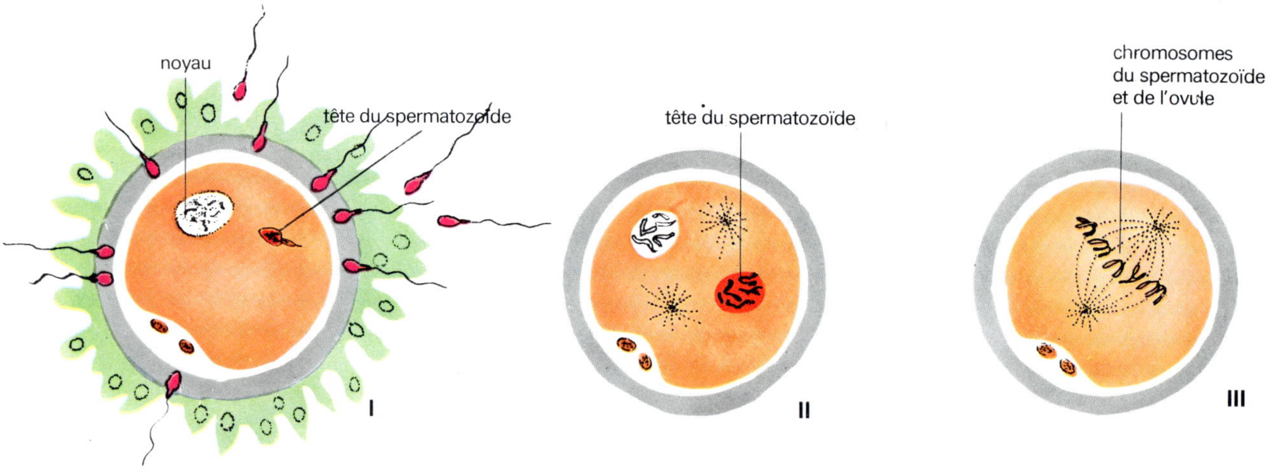

– Vous comprendrez mieux tous les deux quand je vous aurai décrit le fonctionnement des organes. Nos glandes fabriquent des hormones mais aussi des cellules sexuelles.
– Avant notre naissance ?
– Et pendant toute notre vie ?
– Les cellules sexuelles, qu'est-ce que c'est au juste ? interroge Sylvie.

Papa tourne la page et dit :
– Une cellule est le plus petit élément vivant que l'on connaisse. Tout ce qui vit, être humain, animal, plante se compose d'un assemblage de cellules. Regardez sur ce dessin. Voici une amibe, comme on peut la voir au microscope. C'est une cellule comme celles qui constituent le corps des êtres vivants les plus complexes. Au centre, vous pouvez voir le noyau de l'amibe. Certains êtres ne comprennent qu'une seule cellule et sont autonomes comme l'amibe, d'autres sont formés d'une multitude de cellules qui ont des rôles différents. Certaines des cellules de notre corps sécrètent dans l'estomac un liquide qui lui permet de digérer, d'autres se prolongent par des fils très fins : ce sont les nerfs. D'autres encore se promènent dans le sang, comme les globules... Quant aux cellules sexuelles, elles sont chargées d'une tâche précise : la reproduction.

L'amibe est une cellule simple, pourvue d'un noyau en son centre.

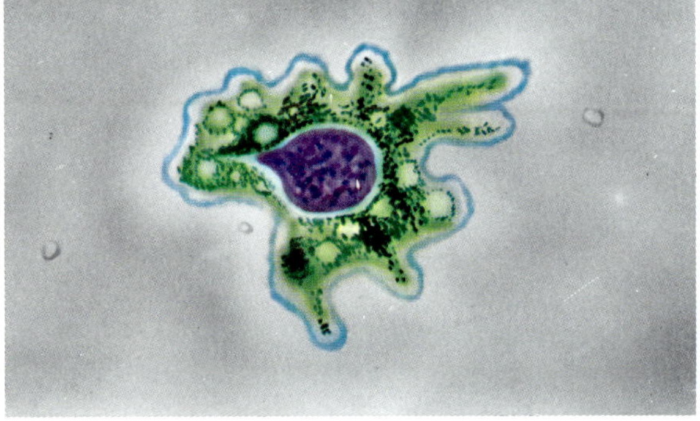

– La reproduction de quoi ?
– De l'espèce, chérie ! Un homme et une femme se « reproduisent » quand ils ont un enfant. Les testicules contiennent les cellules mâles, les spermatozoïdes. Les ovaires contiennent les cellules femelles, les ovocytes.
– Spermatozoïdes, ça vient de sperme ? demande Jean.
– Exactement. Tu es drôlement fort !

Le petit garçon s'enhardit : – Et comment font-ils, ces spermatozoïdes et ces ovocytes pour devenir des bébés ?

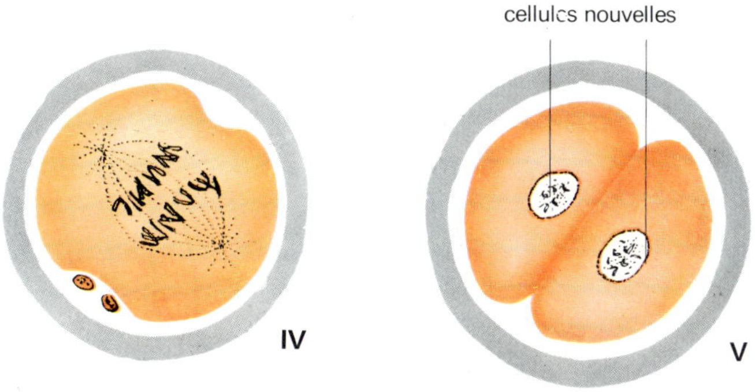

Ci-contre : la fécondation de l'ovocyte.

I. L'ovocyte est une grosse cellule ronde dont le noyau contient 23 chromosomes. Un seul des spermatozoïdes qui l'environnent parvient à pénétrer dans l'ovule après avoir perdu sa longue queue.

II. La tête du spermatozoïde gonfle. Elle contient elle aussi 23 chromosomes.

III. Les chromosomes du spermatozoïde et de l'ovocyte se mélangent. Il y en a maintenant 46.

IV. L'ovocyte fécondé se nomme désormais œuf. Il commence à se diviser : la cellule se rétrécit par le milieu et s'étrangle.

V. La cellule initiale donne naissance à deux cellules nouvelles dont les noyaux contiennent chacun 46 chromosomes.

– Un spermatozoïde rencontre un ovocyte et ils s'unissent pour devenir un œuf. En se développant, cet œuf deviendra un bébé.
– Un œuf... puis un bébé... Mais finalement, ce bébé, ce sera un garçon ou une fille ?
– Pour bien comprendre, regardez encore l'intérieur des cellules. Tu vois ces bâtonnets dans le noyau ? Ce sont des chromosomes. Il y en a 46 dans chaque cellule de notre corps, sauf dans les cellules sexuelles. Le spermatozoïde n'en contient que 23.
– Et l'ovocyte ? 23 aussi ?

Photo J. Cohen, D. Krulik, Moncel.

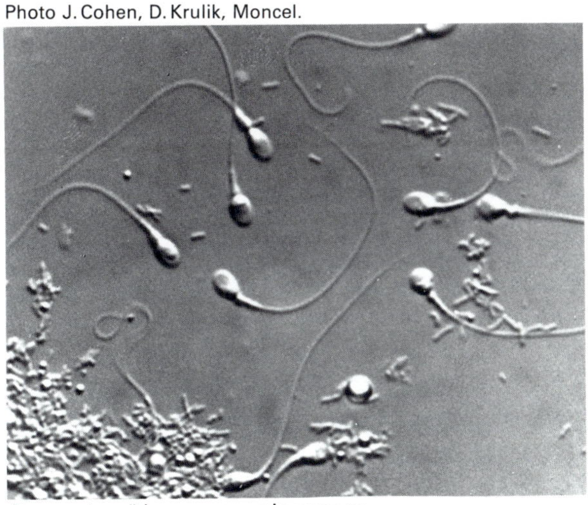

Spermatozoïdes vus au microscope.

Les cellules de l'ovaire (à gauche) donnent naissance aux ovocytes qui contiennent tous un chromosome X.
Les cellules du testicule (à droite) donnent naissance aux spermatozoïdes. La moitié d'entre eux ont un chromosome X, les autres un chromosome Y.
Quand un ovocyte et un spermatozoïde X se rencontrent, l'œuf ainsi constitué sera à l'origine d'une petite fille.
Quand un ovocyte et un spermatozoïde Y se rencontrent, ce sera un petit garçon.

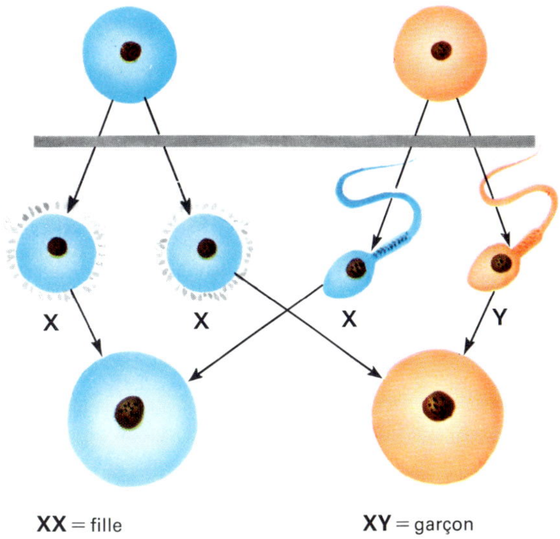

– Oui, Sylvie, rassure-toi ! Ainsi l'œuf sera composé de deux fois 23 chromosomes ; c'est-à-dire...

– 46 ! crient en chœur Jean et Sylvie. Mais pourquoi les chromosomes réunis font-ils des filles ou des garçons ? C'est la loterie ?

– Certains spermatozoïdes sont porteurs d'un chromosome ressemblant à un X, et d'autres ressemblant à un Y. X = une fille ; Y = un garçon.

– C'est des maths ! s'exclame Sylvie.

– Oui, mais c'est le spermatozoïde qui est le prof, sans lui, pas de X et pas de Y...

– Un professeur qui apporte un X ou un Y par hasard ! ajoute papa pour calmer l'orgueil de son petit garçon.

– Moi qui suis une fille, je ressemble plus à toi qu'à maman, pourquoi ?

– C'est encore un coup de l'X ! souffle Jean.

– Non, répond papa en souriant. Vous êtes tous les deux le résultat du mélange des chromosomes : on vous en a donné 23 chacun. Tout comme moi-même, j'étais l'assemblage de 23 chromosomes de grand-mère et 23 de grand-père. Et maman...

– 23 chromosomes de papy et 23 de mamie ! complètent en chœur les deux enfants.

– Vous avez tout compris ! Mais savez-vous que les chromosomes déterminent non seulement votre sexe, mais aussi la couleur de vos yeux, votre taille et même votre caractère ?

– Sans que vous l'ayez fait exprès ?

– Sans calcul. Et tu vois que nous nous éloignons des mathématiques. La mécanique humaine est très précise, ajoute papa, mais il y a toujours la « surprise », comme vous dites. C'est pourquoi aucun être humain n'est le « calque » d'un autre.

Sylvie dévisage son père et son frère, songeuse.

– Oui, déclare-t-elle modestement, je suis Unique.

Elle provoque un éclat de rire général... Mais Jean a une question qui lui brûle les lèvres depuis un moment. Il profite de la situation pour la poser, sans timidité :

– Et moi, papa, je suis sûr que je suis trop jeune pour avoir un enfant. Mais est-ce que cela veut dire que je n'ai pas encore de... spermatozoïdes ?

– Tu n'as pas encore de spermatozoïdes, mais d'ici quelques mois ou un an commencera pour toi l'époque de la « puberté ». C'est le passage entre l'enfance et l'adolescence.

– Ça fait mal ?

– Non, chéri, cela ne fait pas mal... On se sent un peu étrange, c'est tout ! Tu grandiras beaucoup plus vite et ta voix deviendra grave. Presque autant que la mienne. Tu découvriras que des poils poussent autour de ton pénis qui se mettra à grossir, ainsi que tes testicules. Tu auras même une ombre de moustache et quelques poils sur le menton.

– De la barbe et une moustache ! dit Jean, songeur.

– Tu seras fier, mais aussi un peu inquiet, poursuit papa, parce qu'il se sera passé des phénomènes très importants pour que se forment dans tes testicules, des spermatozoïdes.

– Après, je serai un homme.

– Tu l'es déjà... Tu fabriques un peu d'hormone

Un spermatozoïde fortement grossi
tel qu'on peut le voir
au microscope.
Il possède une tête ovale
et une longue queue ondulante
qui lui permet de se déplacer.

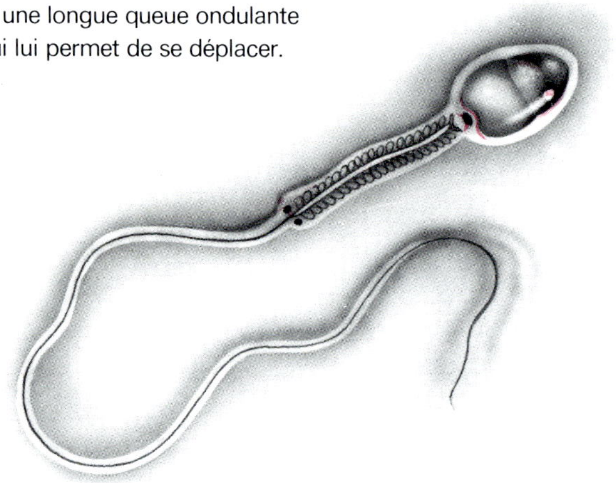

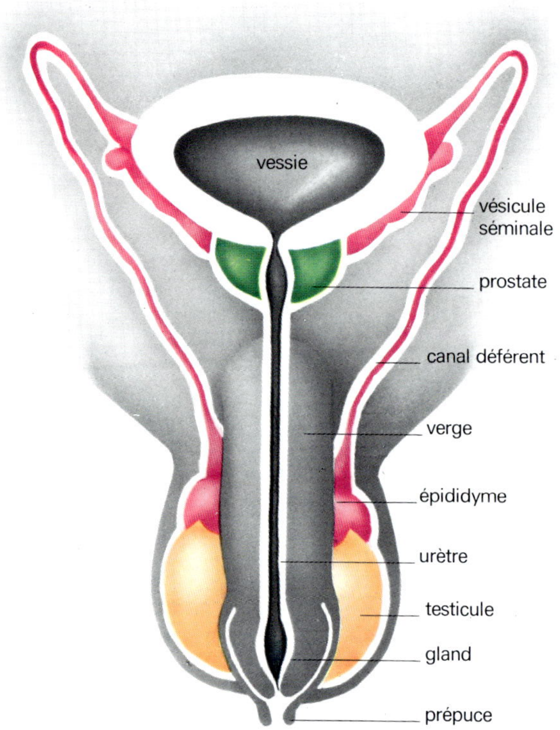

mâle, mais bientôt tu en fabriqueras beaucoup plus ! C'est ce qui provoque ces transformations.

– Et moi ? et moi ? éclate Sylvie.

– Ne t'en fais pas, ma chérie, nous allons parler de toi aussi. Mais d'abord expliquons comment se forment chez le garçon les spermatozoïdes. Regardez le dessin représenté ci-contre : c'est un spermatozoïde.

– Cette drôle de bête qui ressemble à un têtard ?

– Oui, répond papa, avec un demi-sourire. Il faut que tu saches comment sont constitués tes testicules : de très petits tubes collés les uns aux autres, qui se rejoignent dans un canal plus large où des cellules se forment sans arrêt. Le spermatozoïde est une cellule minuscule, avec une « tête » et une longue queue très fine, qui ondule et lui permet de se déplacer dans le canal.

– Il se déplace en cherchant la sortie ?

– Les spermatozoïdes s'accumulent d'abord dans un petit organe qui coiffe chaque testicule, l'épididyme. Regarde le dessin en bas de la page, tu vois ? Et pour chercher la sortie comme tu dis, ils vont avoir un très long et très lent chemin à parcourir ! Deux mois environ.

– Oh ! raconte !

– Ils vont commencer par gagner le canal déférent qui pénètre à l'intérieur du ventre. Ensuite, ils parviennent dans les vésicules séminales, ces petits sacs, derrière la vessie. Là, les sécrétions des vésicules séminales se mélangent aux sécrétions de la prostate qui leur apportent des éléments nutritifs. Ce mélange est le sperme.

Sylvie, qui a suivi l'explication avec la même curiosité que son frère, coupe son papa :

– Alors les spermatozoïdes se reposent derrière la vessie ?

– Ils arrivent de l'épididyme jusqu'aux vésicules séminales par les deux canaux déférents,

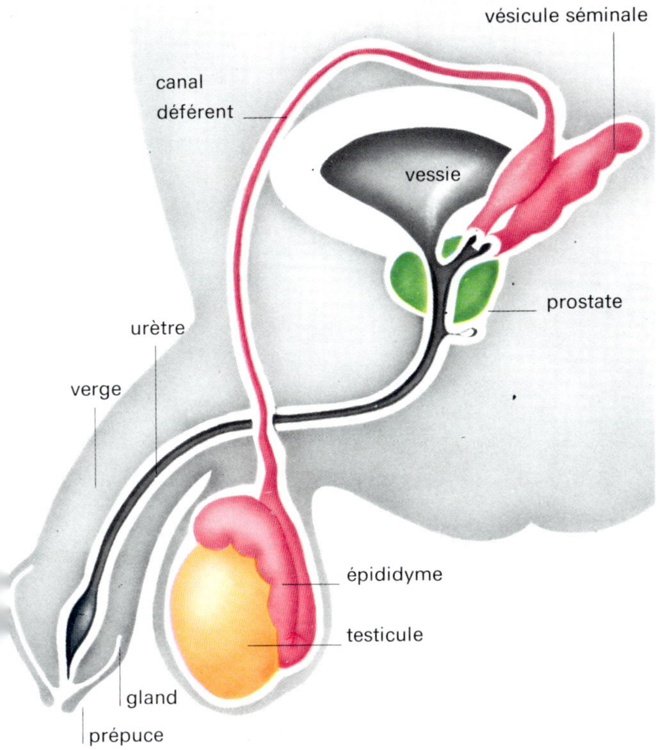

vous avez compris? Les spermatozoïdes se groupent là, pas pour se reposer, mais pour être « stockés » en quelque sorte. Puis ils reprennent leur longue route en traversant la prostate.

– Le grand-père d'Alain s'est fait opérer de la prostate. Ce n'est pas une maladie?

– Non. La prostate est tout simplement un organe, qui peut devenir malade. Il arrive, en effet, surtout chez les hommes âgés, qu'elle grossisse au point d'empêcher de faire pipi. Il faut alors l'enlever, comme on enlève l'appendice en cas d'appendicite.

– Et ensuite, papa? les spermatozoïdes voyagent encore?

– Ils finiront le voyage dans ce canal, qui traverse tout le pénis. C'est l'urètre, qui s'ouvre au bout, sur le gland. C'est la sortie!

– Mais... mais Jean fait pipi par là! se récrie la petite fille.

– Lorsque la vessie est remplie d'urine, elle

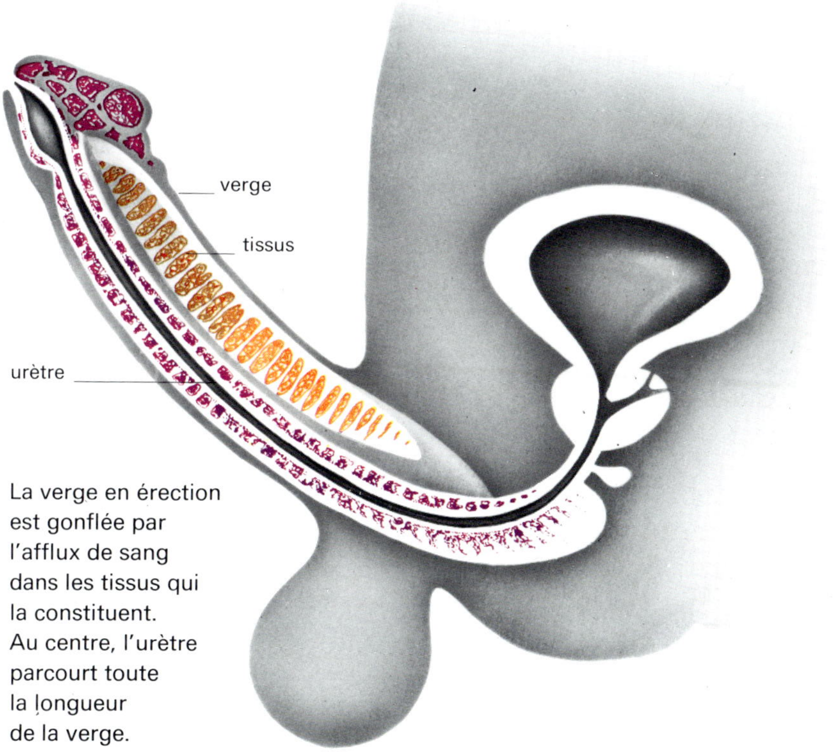

La verge en érection est gonflée par l'afflux de sang dans les tissus qui la constituent. Au centre, l'urètre parcourt toute la longueur de la verge.

s'écoule par là, bien sûr. Cela peut vous paraître bizarre, mais les spermatozoïdes emprunteront le même chemin... À une condition : que le pénis soit en érection, c'est-à-dire, comme sur le dessin de la page 19, gonflé et dressé. C'est un afflux de sang qui gonfle le pénis et provoque l'érection.

– Quand je rougis, maman dit que le sang me monte aux joues !

– Au moment de l'érection, le gland est poussé hors du repli de peau qui le recouvre, le prépuce. Chez certains garçons, le prépuce, est trop serré. On le coupe alors, et cette petite opération s'appelle la circoncision.

Jean ouvre la bouche d'étonnement :

– C'est donc ça la circoncision ! David et Mohammed m'ont dit qu'ils étaient circoncis !

– Parce que dans la religion juive ou dans la religion musulmane, c'est une coutume, et un rite religieux, même si le prépuce ne gêne pas.

– Tu sais tout, dis donc !

Papa sourit : – Encore une question petit curieux ?

– Les spermatozoïdes sortent comment ?

– Ils sont dans le sperme n'oublie pas. Le sperme sort brusquement en jets saccadés. Cela s'appelle l'éjaculation. Un spermatozoïde peut alors rencontrer un ovocyte, dans le corps d'une femme. Mais je vous raconterai cette rencontre plus tard.

– Et maintenant, place aux filles ! dit Jean en donnant un coup de coude à sa sœur.

– Enfin, on s'occupe de moi ! soupire Sylvie d'un ton faussement plaintif.

Papa attire alors sa « grande » petite fille contre lui, et lui explique tendrement :

– La puberté se produit plus tôt chez les filles que chez les garçons et tu deviendras une femme au moment où Jean commencera à ressembler à un homme...

– J'aurai de la poitrine ? demande aussitôt Sylvie, dont c'est le rêve le plus cher.

– Tes seins vont pousser vers douze ans, ma chérie, je te le promets !

– Et quoi d'autre ?

– Le grand changement se produira d'abord dans ton ventre. Tes organes sexuels, les ovaires, commencent à fabriquer des hormones. L'une d'elles – l'estrogène – agit sur les glandes mammaires. C'est la raison pour laquelle les seins poussent... Quant aux deux petits boutons que tu as...

– Jean les a aussi !

– Seulement les siens resteront les mêmes, alors que les tiens deviendront plus larges, plus bruns, plus proéminents et aussi plus sensibles !

– Et j'aurai des poils comme maman ?

– Oui. Sous les bras, et autour de la vulve, des poils tout frisés et de plus en plus épais...

– Vivement que j'aie douze ans !

– Méfie-toi, rétorque Jean, papa a dit que c'était une période étrange...

– C'est vrai, Sylvie. Toi aussi, tu te sentiras un peu bizarre... Mais ces transformations sont nécessaires, et je ne pense pas du tout qu'on doive appeler cet âge « ingrat »

– Pourquoi dit-on âge ingrat ? demande Sylvie.

– Parce que la petite fille est parfois moins jolie et qu'elle a parfois du mal à s'adapter à cette nouvelle apparence, dit papa avec douceur. Sa peau devient plus grasse, elle a souvent des boutons, des points noirs sur le visage... comme les garçons...

– Comme Corinne ? hou là là ! geint Sylvie découragée.

– C'est disgracieux, mais cela ne dure pas toute la vie. D'ailleurs, il y a des médicaments qui guérissent ces boutons chez les garçons comme chez les filles. Il y une autre modification dans ton corps, l'apparition des règles.
– Ah oui ! les règles. (Sylvie se tortille un peu sur sa chaise.)
– Ne sois pas gênée, chérie. Les règles sont un écoulement de sang qui se produit ré-gu-liè-rement chaque mois, à partir de la puberté.
– C'est ça, les règles !
Papa sourit.
– Tu vois que tu as compris... Le sang coule par le vagin, tout doucement. Les femmes portent une petite protection en coton pour ne pas tacher leurs vêtements. Les règles durent entre trois et cinq jours, et surviennent régulièrement tous les mois, jusqu'à 50 ans.

– C'est long... Et, dis-moi, il y a une « grande », en classe, qui ne suit pas le cours de gymnastique lorsqu'elle a ses règles ! Elle dit que cela lui fait mal au ventre, c'est vrai ?
– Peut-être. Elle est encore très jeune, et son corps n'est pas habitué à ces phénomènes. Mais si elle a vraiment mal, sa maman devrait la conduire chez un médecin. Il est possible aussi qu'elle ait tout simplement peur... ou qu'elle n'aime pas la gymnastique !

Sylvie se promet de parler à cette grande. Mais une idée lui traverse l'esprit.
– Dis-donc, si une fille a ses règles, cela veut dire qu'elle pourrait avoir un bébé !
– Oui, ma chérie, c'est ainsi qu'une petite fille devient une femme.

– Montre-nous les dessins, réclame Jean. Oh ! comme c'est curieux !

– Regarde : voici un ovaire. Au-dessus, vous apercevez une boursouflure qui s'appelle le follicule, gros comme le noyau d'une cerise griotte... Il contient un liquide, et chaque mois un nouveau follicule se met à grossir pour finir par éclater. Il crève et le liquide s'écoule alors, et laisse échapper une minuscule cellule nommée « ovocyte ». Le moment où cette cellule est libérée s'appelle « l'ovulation ».

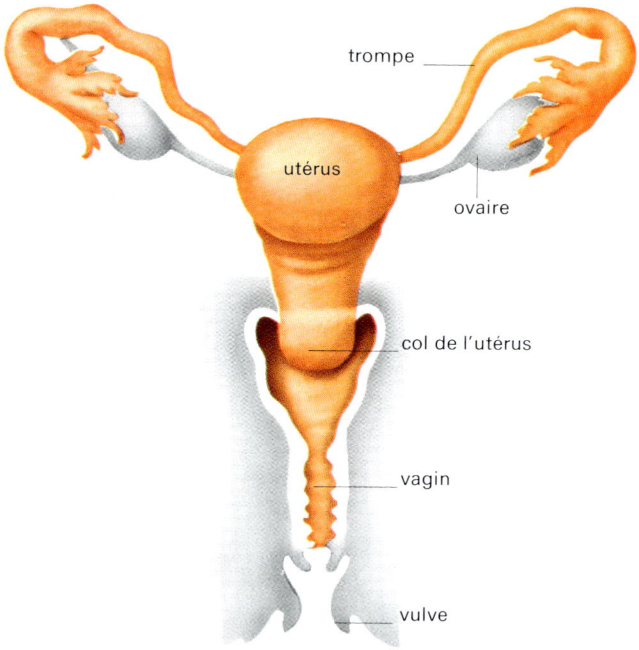

Appareil génital féminin

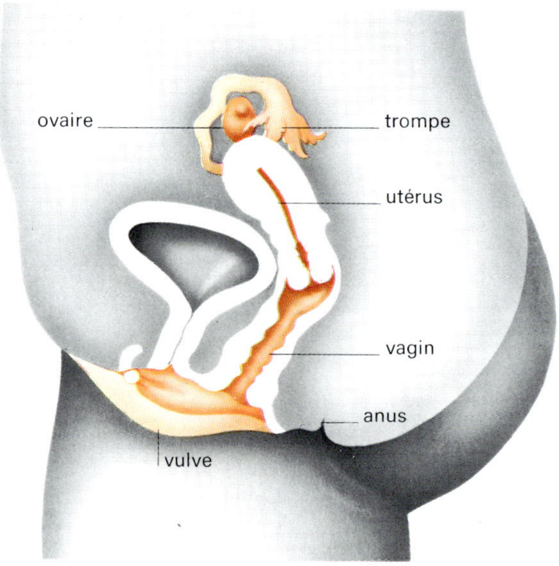

– Et où va-t-il ? demande Jean. Il voyage comme le spermatozoïde ?

– Il suit un trajet très précis, en traversant des organes que vous ne connaissez pas encore. Le vagin, que tu vois bien sur le premier dessin, est un couloir permettant l'accès à cette grosse poche : l'utérus.

– Et à quoi ça sert ?

– C'est là que se formera et se développera le bébé. L'intérieur en est très moelleux, car le follicule, après avoir laissé sortir l'ovocyte, fabrique une hormone : la « progestérone ». Et

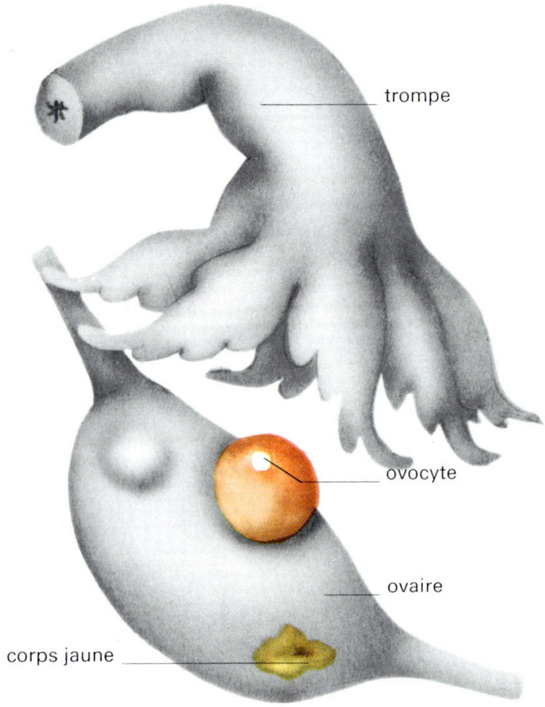

grâce à la progestérone, l'utérus est tapissé d'une muqueuse qui en fait un nid, très, très confortable.
– Une muqueuse, c'est un organe ?
– Pas du tout. C'est comme une moquette sur un plancher. C'est une peau très mince, extrêmement douce ! Nous avons aussi une muqueuse qui tapisse l'intérieur de la bouche. Tu la sens avec la langue.

Sylvie et Jean passent consciencieusement leur bout de langue rose sur le palais, mais soudain, le petit garçon s'exclame :
– Mais tu nous parles déjà de bébé ! Et tu ne nous dis pas comment le spermatozoïde rencontre l'ovocyte !
– Commençons par apprendre où ils se rencontrent, dit papa. Regardez ces deux tuyaux qui relient l'utérus aux ovaires. Ce sont les « trompes ». Lorsque l'ovocyte a quitté l'ovaire, il va se loger dans une trompe, où il flotte dans un peu de liquide. Il s'y déplace très doucement, alors que les spermatozoïdes, eux, bougent très vite.
– Grâce à leur longue petite queue ! souffle Jean, soucieux d'étaler son savoir tout neuf.
– Et nous en arrivons à la rencontre qui t'intéresse tant ! dit papa. Les spermatozoïdes déposés dans le vagin pénètrent dans l'utérus par cette ouverture en bas, appelée le col de l'utérus.
– Ils se précipitent tous dedans ?
– La plupart, mais ensuite, beaucoup se fatiguent et sont dissous. Quelques-uns seulement atteignent les trompes, et là...

Tous les mois, il se forme à la surface de l'ovaire un petit renflement : le follicule, sécrétant une hormone, dont dépend la croissance de la muqueuse qui tapisse l'utérus. Lorsque le follicule est mûr, il se rompt en laissant échapper la cellule sexuelle ou ovocyte. Celle-ci, ainsi libérée, remonte dans l'intérieur de la trompe à la rencontre d'un spermatozoïde. Le follicule rompu se transforme en corps jaune, petite masse graisseuse qui sécrète une hormone, la progestérone, préparant la muqueuse à la nidation de l'œuf. S'il n'y a pas eu fécondation, au plus tard 13 jours après sa formation, le corps jaune dégénère, entraînant la destruction de la muqueuse qui s'élimine sous la forme des règles. Un nouveau cycle recommence.

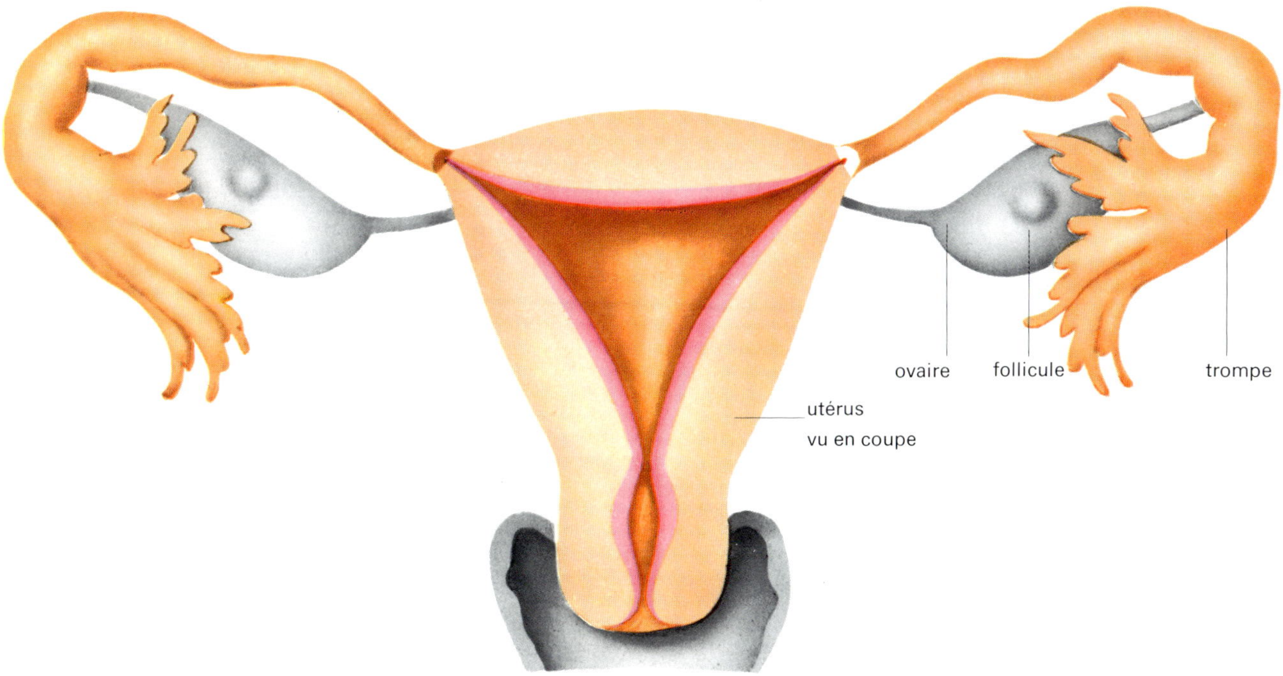

– Un spermatozoïde rencontre un ovocyte qui flotte, tranquille ! conclut Jean.
– Ils se mélangent et forment l'œuf, qui ira vivre dans l'utérus. Et si aucun spermatozoïde ne parvient à rencontrer l'ovocyte, il se dissout rapidement dans l'utérus. Alors, comme celui-ci n'a plus besoin de servir de « nid », sa muqueuse se détache. Et ce sont les débris de la muqueuse, mélangés à un peu de sang, qui sortent du corps, par le vagin. Ce sont les règles.
– Donc, s'écrie Sylvie, une femme qui va avoir un bébé n'a plus ses règles ?
– Une femme enceinte – comme maman – n'a plus ses règles, répond papa. Tu as parfaitement compris.
– C'est drôlement bien organisé... murmure Sylvie pensivement.
– Oui ! grâce à une petite glande du cerveau : l'hypophyse. Elle commande aux autres glandes, en particulier aux ovaires et aux testicules, grâce aux hormones qu'elle sécrète à distance ; comme les cellules du cerveau commandent aussi à tel ou tel membre de faire un certain mouvement.

Jean, ayant scruté les dessins représentant les organes féminins, constate : – Les ovaires fabriquent l'ovocyte, comme les testicules les spermatozoïdes... Et puis, il y a des tuyaux, des canaux, pour le transporter. Mais où sont stockés les ovocytes ?
– La femme naît avec son stock d'ovocytes (il y en a 500 000), mais elle n'en laisse mûrir qu'un seul chaque mois.

Non seulement la femme, comme l'homme, apporte la moitié du futur bébé, mais elle va le porter en elle jusqu'à ce que l'embryon soit devenu un bébé.

Sur ces mots, papa referme le livre et déclare qu'il serait temps de sortir un peu.

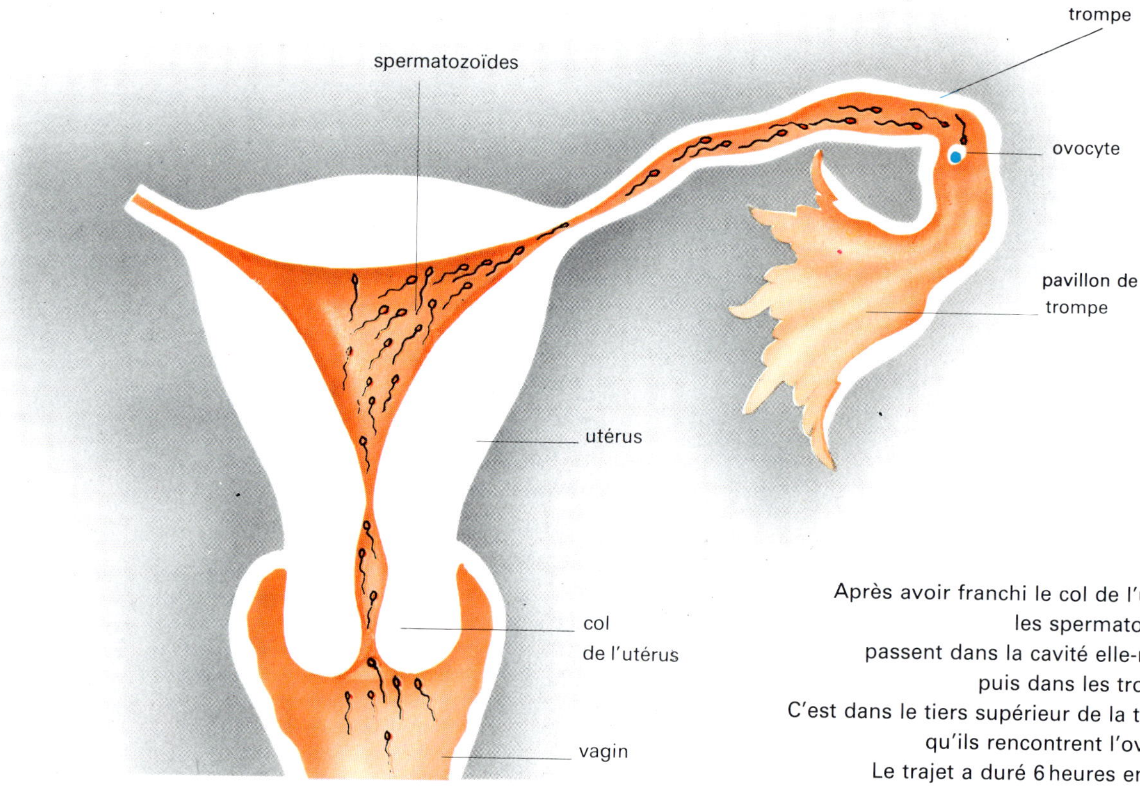

Après avoir franchi le col de l'utérus, les spermatozoïdes passent dans la cavité elle-même, puis dans les trompes. C'est dans le tiers supérieur de la trompe qu'ils rencontrent l'ovocyte. Le trajet a duré 6 heures environ.

– On va faire une promenade à vélo, dit Sylvie.
– Et on fera la course, renchérit Jean.

Le lendemain matin, Sylvie est la première levée. Elle prépare du café pour tout le monde et ensuite s'assoit dans la cuisine. Sérieuse, elle feuillette, seule, le livre sur la vie sexuelle. Papa et maman arrivent à leur tour. Sylvie les embrasse et les invite à prendre place.
– Aujourd'hui, c'est moi qui fais le service, dit-elle. Papa sourit. Il a aperçu le livre posé sur la chaise. Bientôt survient Jean, la mine fripée, les cheveux en bataille. Il grogne un vague bonjour et s'installe face à son bol de café. Il est toujours de mauvais poil le matin. Tout le monde déjeune tranquillement. Rongée d'impatience, sitôt sa dernière tartine avalée, Sylvie interroge papa et maman.
– Il y a une chose que je n'ai toujours pas comprise dans le livre. Comment un têtard et une petite boule peuvent-ils se transformer en bébé ?

Papa et maman échangent un rapide sourire. C'est finalement maman qui répond.
– Il faut se souvenir de l'histoire des chromosomes, dit maman en ouvrant le livre ; papa m'a dit qu'il vous avait parlé des X et des Y. Le papa et la maman en ont donné chacun 23, et chacun de ces bâtonnets contient un minuscule morceau de l'homme et de la femme. Dès le début de la formation de l'embryon, chaque chromosome va influencer la formation d'une partie différente du corps du bébé.
– Mais comment grossit l'œuf ? Et qu'est-ce qui le fait grossir ? demande Jean que la conversation a enfin réveillé.

– Les cellules se multiplient, explique papa. Une première cellule se divise en deux. Imagine aussi que ces deux cellules se divisent encore : en voilà quatre. Et ainsi de suite... Cela va très vite et bientôt, l'œuf est gros comme une tête d'épingle... Puis certaines cellules se groupent pour former la tête, d'autres les jambes et les bras, d'autres encore les différents organes.
– Maman, à quoi ressemble le bébé au bout de trois mois ?
– À une belle esquisse... Il est dessiné, si tu préfères, à gros traits. Il a déjà une forme de bébé, et un sexe déterminé.
– Et à six mois ? Il est presque fini ?
– Absolument.
– Moi, intervient Sylvie, je me demande comment il fait pour ne pas étouffer, neuf mois sans air !... À moins qu'il y ait un peu d'air dans l'utérus.
– Non, le bébé respire et se nourrit, mais d'une façon très particulière. Dès le début de la grossesse, une petite machine se met en marche : le placenta.
– Regardez le dessin de droite. Le placenta est une masse de chair qui se développe contre la paroi de l'utérus, et se termine par un cordon. On l'appelle le cordon ombilical, et il relie l'utérus au bébé.
– Il est attaché au bébé ? À quel endroit ?
– Tu ne le sais pas ? s'étonne Sylvie. En plein milieu du ventre... Une fois coupé, il nous reste un nombril, pas vrai, m'man ?
– C'est exact, ma chérie, mais écoute la suite. À chaque battement, le cœur envoie dans tout le corps un flux de sang qui contient de l'oxygène et des substances nutritives. Le sang de la maman arrive dans les muscles de l'utérus. Le placenta absorbe alors oxygène et aliments, qu'il transmet au bébé par l'intermédiaire du cordon ombilical.
– C'est une cuisine et un garde-manger !

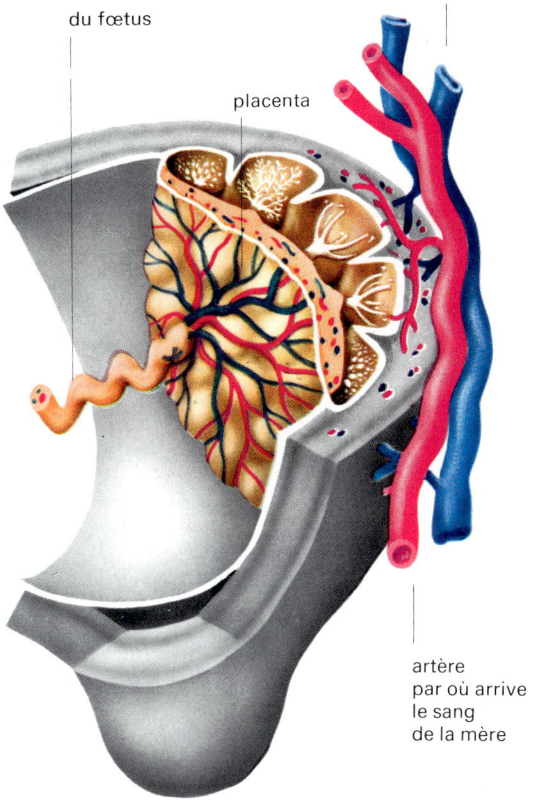

Ce dessin montre comment se fait la circulation du sang entre la mère et son bébé. A droite, les vaisseaux sanguins de l'utérus maternel se divisent en fins vaisseaux qui débouchent dans des "chambres" (cernées de blanc) où aboutissent également les tentacules chevelues (villosités) contenant les vaisseaux sanguins du bébé. Les uns et les autres se réunissent dans le cordon qui rejoint le nombril de l'enfant.

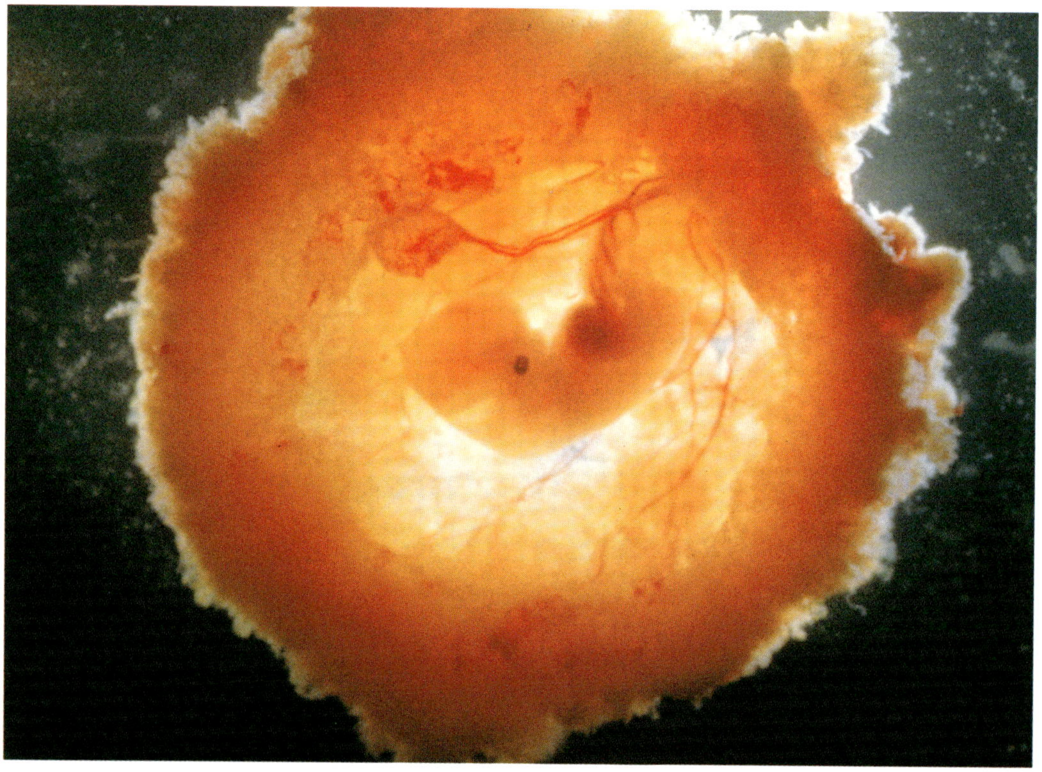

Petit format/Guigoz

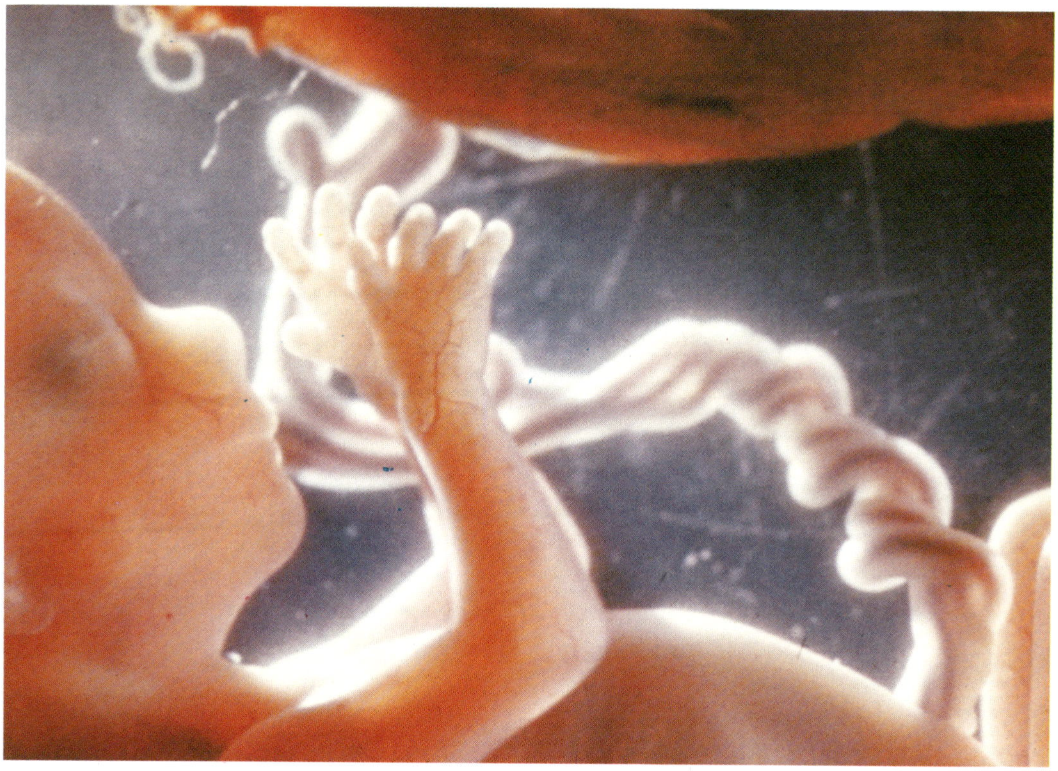

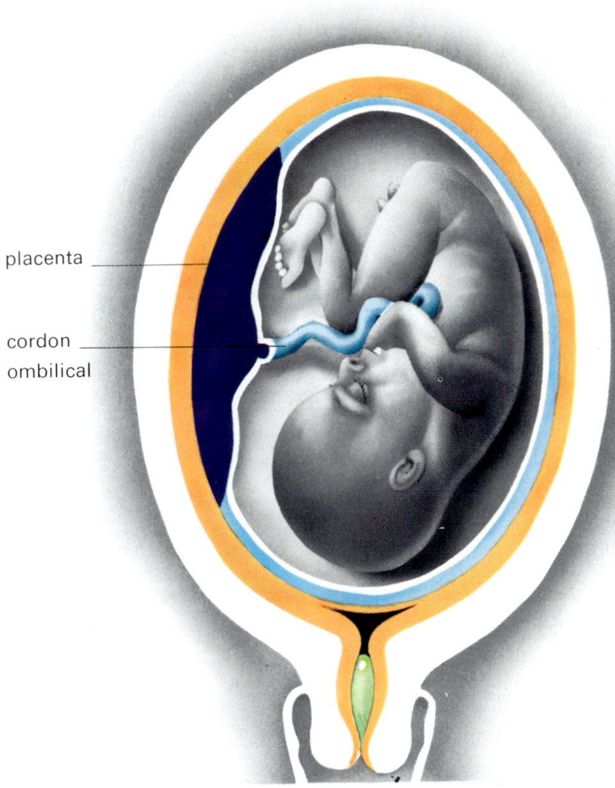

– Et un filtre très intelligent et bien réglé, ne laissant passer que ce dont le bébé à besoin...
– Il est heureux, ce bébé ! s'écrie Sylvie. Il ne se donne même pas la peine de respirer ni de manger, et il grandit !
– Il est beaucoup trop fragile pour vivre hors de l'utérus. Ses organes se sont formés assez vite, mais ils ne peuvent fonctionner tout seuls. Il serait aussi incapable de supporter les changements de température.
– Et si maman se cogne, ou rate une marche, demande la petite fille avec une soudaine inquiétude, le bébé le sent ?
– Regarde ce fœtus, répond maman.
– Ce... quoi ?
– Ce fœtus. C'est le nom exact d'un bébé en train de se former. Il est pelotonné la tête en bas, attaché au placenta par son cordon ombilical... Mais il baigne dans du liquide ! C'est formidable, n'est-ce pas ? la nature prévoit tout. L'utérus rempli de ce liquide est presque totalement antichoc, et le fœtus ressent à peine les secousses provoquées par les déplacements de sa maman.
– Papa, demande Jean, les cellules du fœtus continuent-elles à se multiplier ?
– La production se ralentit un peu lorsque l'enfant est sur le point de naître. Mais ensuite, les cellules de notre corps se multiplient sans cesse. Celles qui vieillissent sont remplacées par des neuves.
– Mais comment les cellules du bébé deviennent-elles des organes différents ?
– Tu poses là une question à laquelle même les savants ne peuvent encore répondre... Ils continuent des recherches, font des expérien-

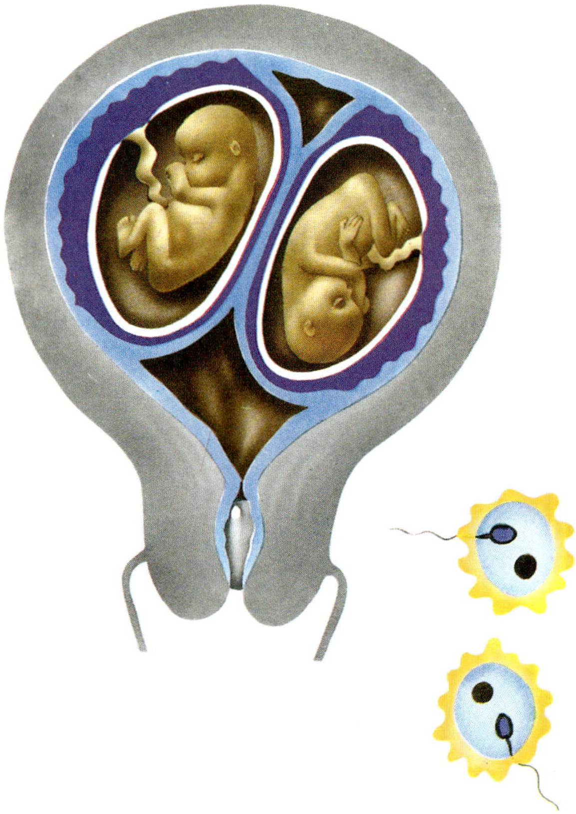

ces, en particulier sur des souris, pour voir exactement ce qui se passe et l'expliquer.
– Et les cellules ne se trompent jamais ? Elles ne mélangent pas les bras et les jambes ? Il y a bien des bébés ratés, non ?
– Cela peut arriver, mais c'est un accident exceptionnel.
– Et les jumeaux ? demande Jean. Pourquoi existent-ils ? Dans ma classe, il y a des jumeaux, Thomas et Sophie, qui ne se ressemblent pas beaucoup, alors que Catherine et Florence, qui sont aussi nées le même jour, se ressemblent comme deux gouttes d'eau. On les confond même souvent. Comment ça se fait ?
– C'est parce qu'il y a deux sortes de jumeaux : les vrais et les faux, dit maman.

Jean et Sylvie demeurent bouche bée !
– ... Catherine et Florence sont de vraies jumelles : l'œuf aussitôt formé s'est divisé en deux. Deux fœtus se développent alors. Et comme ils sont faits de la même manière, avec les mêmes chromosomes, les deux bébés sont identiques : même sexe, même physique, et souvent même caractère... Les faux jumeaux, eux, naissent ensemble parce que, par hasard, il s'est trouvé deux ovocytes en même temps dans une trompe de l'utérus. Chacun a rencontré un spermatozoïde. Il y a donc eu deux œufs aussi différents que s'ils s'étaient formés à deux ans d'intervalle... Cela explique que Thomas et Sophie soient jumeaux sans pourtant se ressembler.
– Et les deux bébés sont à l'aise ? s'inquiète Sylvie. Comment sont-ils nourris ? En même temps ?
– Dans le cas des faux jumeaux, il y a deux placentas, et chaque fœtus est accroché par son cordon à son placenta. Les vrais jumeaux sont reliés à un même placenta.

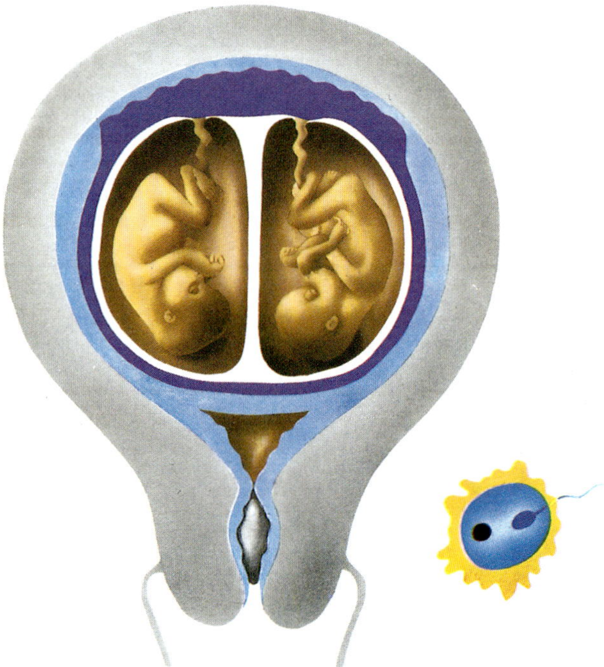

Mais il est temps de faire une pause. Papa doit partir car il a un rendez-vous dans son laboratoire, et Jean et Sylvie ont décidé de construire une mangeoire pour les oiseaux du jardin. Pendant ce temps maman pourra en profiter pour se reposer et lire un peu.

À l'heure du café, Jean et Sylvie reviennent à la charge et demandent s'ils peuvent continuer cette étonnante histoire.

– J'ai une question à poser, dit Jean. Comment l'œuf se fixe-t-il dans l'utérus ? Il choisit sa place au hasard ?

– Il n'y a pas d'endroit spécial, dit papa. Mais l'œuf que tu vois sur ce dessin qui représente l'utérus a, comme la terre, un pôle Nord et un pôle Sud ; chaque pôle étant fait de cellules différentes...

Regardez, voici l'œuf déjà accroché à l'utérus. Ici, il est plus gros, et l'on aperçoit des espèces de racines enfoncées dans la paroi. Ce sont les cellules du pôle Nord qui puisent dans les muscles et les vaisseaux sanguins de l'utérus tout ce dont les autres cellules (celles du pôle Sud) ont besoin pour se multiplier et former le corps du fœtus. Les cellules du pôle Nord deviendront le placenta.

– Je sais déjà tout ! Le placenta apporte l'oxygène et les aliments au bébé... Mais, ajoute Jean,

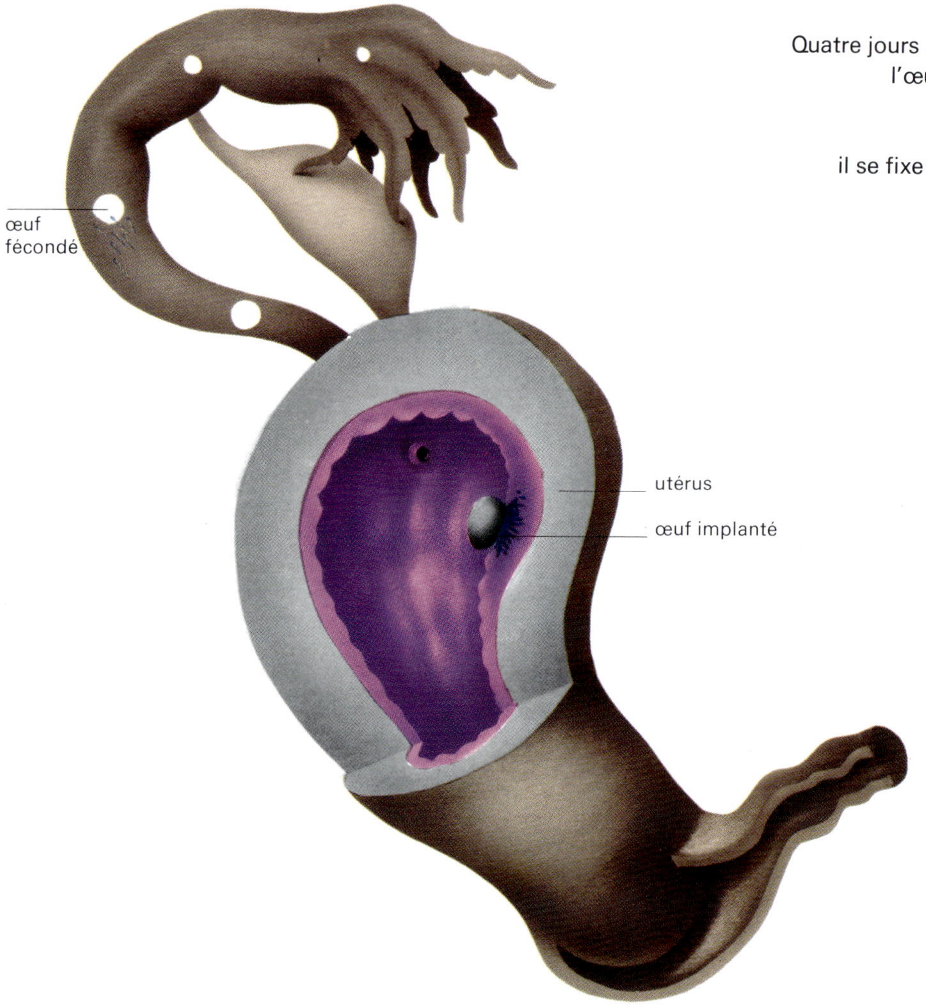

Quatre jours après la fécondation, l'œuf entre dans l'utérus où il flotte en liberté. Trois jours plus tard, il se fixe dans la paroi utérine et s'y développe pendant neuf mois.

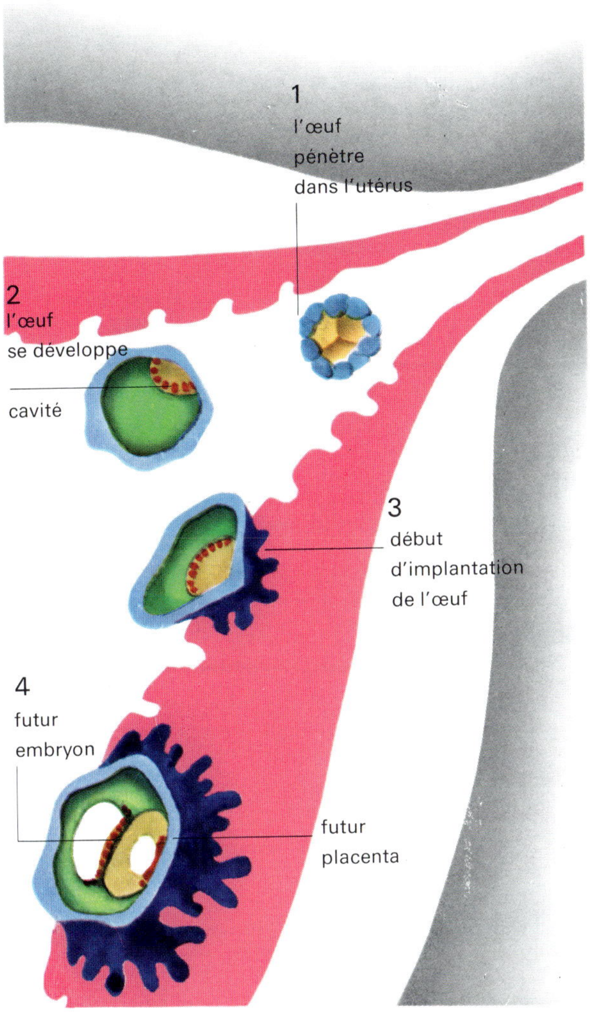

Implantation ou nidation de l'œuf dans l'utérus. Les cellules du pôle Sud (représentées en bleu foncé sur le dessin) puisent dans le muscle utérin les éléments nécessaires à la croissance de l'œuf.

il digère et respire sans rien rejeter ?
– Si, le fœtus rejette des déchets par l'intermédiaire du placenta, qui les transporte dans le sang de la maman, laquelle les rejette à son tour.
– Quelle organisation ! Jean, stupéfait, regarde sa maman avec une admiration qui la fait rire.
– Tu ne dois pas tomber malade, surtout ! s'inquiète soudain Sylvie. Parce que ma prof de math est enceinte aussi. Et il paraît que des élèves de la maternelle, juste à côté du collège, ont la rubéole... Et la prof de math avait l'air ennuyé à la récréation.
– C'est que la rubéole est un virus qui peut s'attaquer au fœtus si la maman l'attrape au début de la grossesse. Le bébé risque alors de naître aveugle ou sourd, ce virus s'attaque particulièrement aux cellules qui forment les yeux et les oreilles. Heureusement, lorsqu'on a eu la rubéole, ou une autre maladie contagieuse, avant d'être enceinte, on en est protégé pour toute sa vie. Si on ne l'a pas eue, on peut se faire vacciner contre cette maladie : on en sera ainsi protégé. Au début de la grossesse,

Développement de l'embryon.

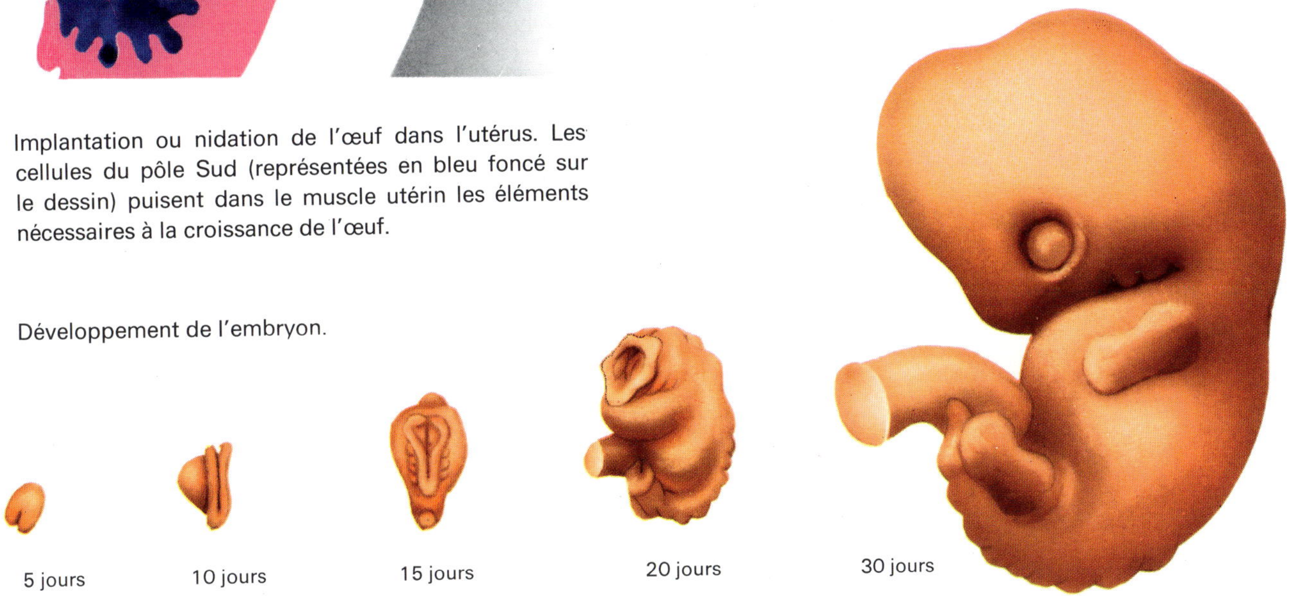

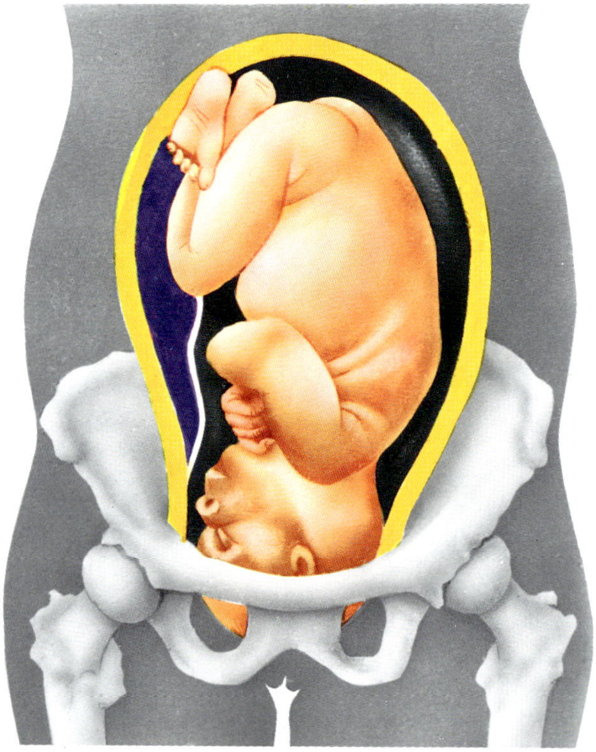

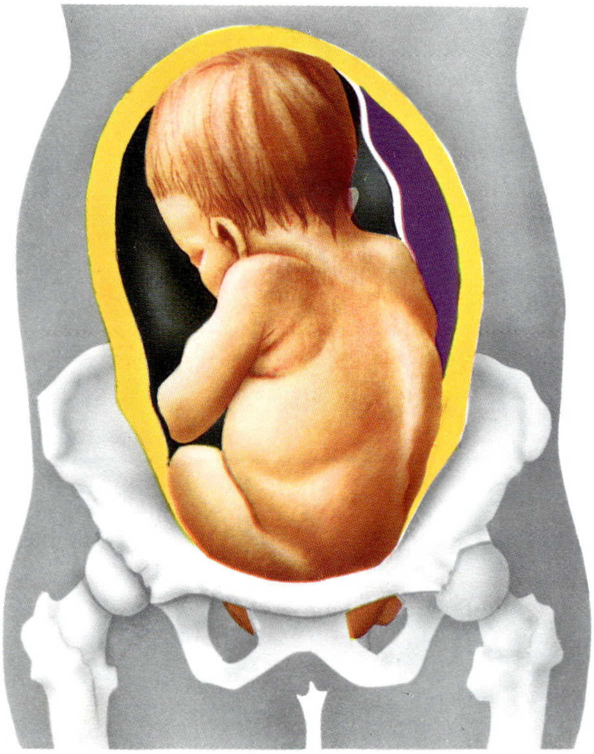

on peut faire un test pour savoir si l'on est ou non protégé. J'en ai fait un, qui est positif, je sais que je ne risque rien. Mais je suis un peu triste en pensant que vous n'aurez pas le droit de voir Julien dès la naissance...

– Oh ! pourquoi ? disent en chœur Jean et Sylvie.

– Pour éviter les risques de contagion, les enfants de moins de quinze ans ne sont pas autorisés à entrer dans les cliniques d'accouchement, explique maman. Les jeunes enfants peuvent transporter des microbes, et le nouveau-né est fragile. Vous ne voudriez pas lui offrir une coqueluche ou les oreillons, n'est-ce pas ?

Sylvie secoue la tête vigoureusement. Elle s'approche ; avec une infinie douceur, elle pose sa main sur le « gros ventre » de maman.

– Il a bougé ? demande-t-elle.

– Il devient turbulent... Au début, je ne pouvais pas m'en apercevoir, mais à partir du quatrième mois, ses mouvements sont devenus sensibles. Et comme il manque un peu d'espace, il s'est choisi une position dont il ne changera guère jusqu'à la naissance.

– La tête en bas ou assis sur ses petites fesses ?

– La tête en bas, je l'espère. C'est la meilleure position pour « voir le jour », répond maman attendrie.

– La naissance d'un bébé, c'est une chose simple ou très difficile ? interroge Jean, qui, depuis un moment, se tenait un peu à l'écart.

– S'il est assis, – on dit qu'il se présente par le siège – l'accouchement est moins facile. Mais en général, un accouchement est un acte naturel, simple, dit maman.
– Et tu n'as pas un tout petit peu peur ? dit Sylvie, étonnée.
– Pourquoi aurais-je peur ? répond maman. J'ai déjà eu deux enfants, et tout s'est bien passé. Et puis je ne serai pas seule. Papa sera avec moi.
– Nous aussi, dit Jean. On pensera très fort à toi et ce sera comme si on était avec papa à la maternité.
– Alors comme ça, insiste Sylvie, Julien en aura assez et décidera de sortir ?
– Neuf mois après la formation de l'œuf, c'est-à-dire 270 ou 280 jours plus tard, c'est l'accouchement, dit maman. D'abord la poche d'eau s'ouvre, et l'eau s'écoule par le vagin. Puis le col de l'utérus s'élargit progressivement et le bébé passe sa tête. Enfin, il quitte l'utérus et s'avance dans le vagin.
– Il rampe ?
– Non chérie, il est poussé dehors par sa maman. L'utérus est extraordinairement élasti-

que, puisqu'il a pu se dilater pour accueillir un gros enfant de sept livres ! Il est aussi très musclé, capable de puissantes contractions. L'utérus se contracte lui-même, mais j'apprends, moi, à accélérer le mouvement pour pousser avec lui... Je m'exerce à respirer afin que ces contractions ne me fassent pas mal. Ces exercices me préparent à l'accouchement sans douleur.

Sylvie admire le calme confiant de sa maman. Après avoir réfléchi, elle reprend :
– Mais, dis-moi, si on parle d'accouchement sans douleur... c'est bien parce qu'il existe des accouchements avec douleur, non ?
– Ma petite fille serait-elle douée pour la logique ? dit maman en lui caressant la joue. Tu as raison, ma chérie, il y a eu très longtemps des accouchements avec douleur. Jusqu'à la dernière guerre, les femmes ignoraient à peu près tout du processus de l'accouchement. Elles écoutaient leurs mamans qui leur répétaient ce qu'avaient dit leurs mères : tu accoucheras dans la douleur, etc. C'était une erreur grave. Car la peur, l'appréhension, l'ignorance,

la surprise aussi faisaient que les femmes étaient alors incapables de se contrôler pendant l'accouchement de leur bébé. Les contractions de l'utérus les surprenaient et elles souffraient.

– Et comment ont-elles su qu'elles pouvaient ne pas souffrir autant ?

– Les médecins ont étudié ce problème. Aujourd'hui, avec les sages-femmes, ils expliquent à l'avance tout ce que nous venons de vous dire. Ils apprennent aux futures mamans à respirer, à contrôler leurs nerfs, à être conscientes du travail à accomplir tout le temps que dure l'accouchement.

– C'est très long un accouchement ?

– Plusieurs heures, répond maman. Dès que la maman ressent les premières contractions de l'utérus, elle va à la clinique ou à l'hôpital. La sage-femme l'examine aussitôt pour voir si le col de l'utérus est dilaté, et si la tête du bébé a commencé à descendre. Elle conseille la maman sur sa respiration, elle lui parle, elle vérifie si les mouvements qu'elle doit faire sont bien faits... Les contractions vont devenir de plus en plus fortes, de plus en plus rapprochées. La tête du bébé descend en tournant pour élargir le vagin. Alors, quand elle est tout près de l'ouverture, la sage-femme, ou le médecin, attrape tout doucement la tête pour l'aider à sortir.

– Et si ce n'est pas sa tête, mais ses fesses qui se présentent ? souffle Sylvie.

– C'est un peu plus long, un peu plus difficile pour la maman. Parce que les fesses du bébé sont plus molles que sa tête... Elles poussent moins fort sur le col de l'utérus pour l'ouvrir et l'élargir.

– Mais le bébé finira par sortir ?

– Oui, c'est un accouchement normal. Mais si la tête se présente en premier, le reste du corps sort plus rapidement. La sage-femme tire doucement un bras, puis l'autre, et le bébé sort tout entier. C'est comme ça que vous êtes nés tous les deux. Ensuite la sage-femme coupe le cordon ombilical qui relie encore l'enfant au corps de sa maman.

– Ça ne fait pas mal ?

– Mais non... Le bébé gardera seulement une cicatrice : le nombril, comme l'a dit Sylvie, ajoute papa.

– Et pourtant le bébé crie dès qu'il est né, objecte Jean.

– Il crie parce qu'il est obligé tout à coup de respirer notre air... Dans l'utérus, il aspirait l'oxygène et expirait le gaz carbonique par l'intermédiaire du placenta et du cordon ombilical. Une fois celui-ci coupé, le bébé se trouve à court d'oxygène et risque de s'asphyxier. Alors il fait comme toi quand tu as le nez bouché : il ouvre la bouche ! Il rejette le gaz

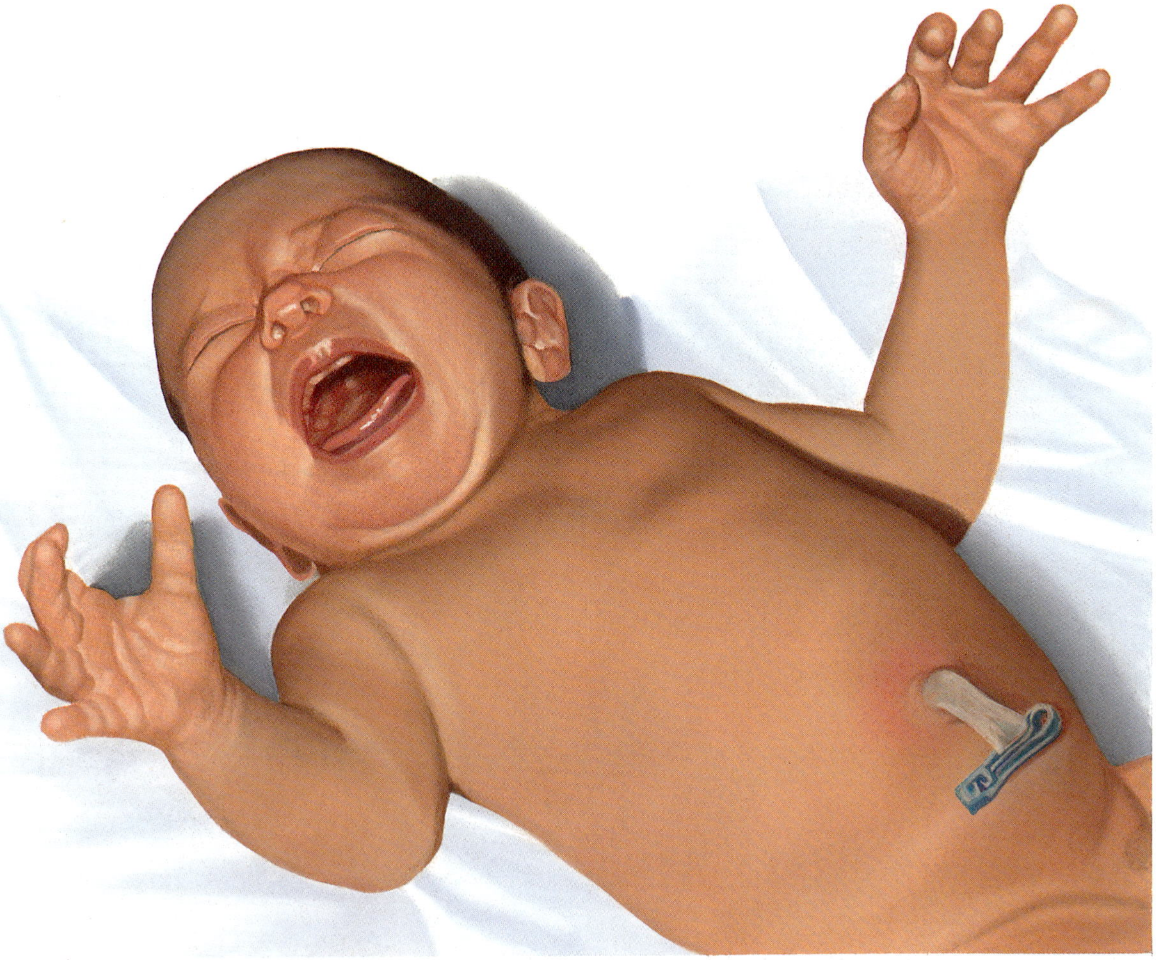

carbonique en criant, et aussitôt après, il respire sa première bouffée d'oxygène « de notre monde ». La respiration s'est mise en route...

– Et qu'a-t-il fait du placenta ?

– L'utérus vide s'est rétracté. Quelques minutes après la naissance de l'enfant, la sage-femme tire légèrement sur le cordon et le placenta s'évacue très vite. C'est la dernière phase de l'accouchement, appelée la « délivrance », parce que la maman est délivrée. Son travail est terminé.

– L'enfant ressemble à une grenouille ! commente Jean, l'air un peu dégoûté.

– Il est surtout très sale, dit maman. On le nettoie très soigneusement, en enlevant toutes les mucosités de son nez et de sa gorge afin qu'il respire librement. On le lange pour qu'il n'ait pas froid. Mais une fois habillé et couché dans son berceau... il ressemble déjà beaucoup moins à une grenouille, je te le jure !

Jean a un petit sourire d'excuse avant de poser encore une question, qui visiblement le tourmente :

– Un camarade m'a raconté que sa maman avait été opérée, pour sa naissance... Tout ce que vous nous décrivez ne ressemble pas à une opération. Sa maman lui a expliqué qu'elle avait eu une « césarienne ». Mais je ne sais pas ce que cela veut dire, moi.

– La césarienne est une opération nécessaire lorsque l'enfant ne peut passer par le vagin, soit parce que le col de l'utérus ne s'élargit pas suffisamment, soit parce que le bébé est trop gros, soit encore parce que le bassin de la maman est trop étroit. Le médecin accoucheur pratique alors une fente sur le ventre de la maman, et le bébé est sorti par là.

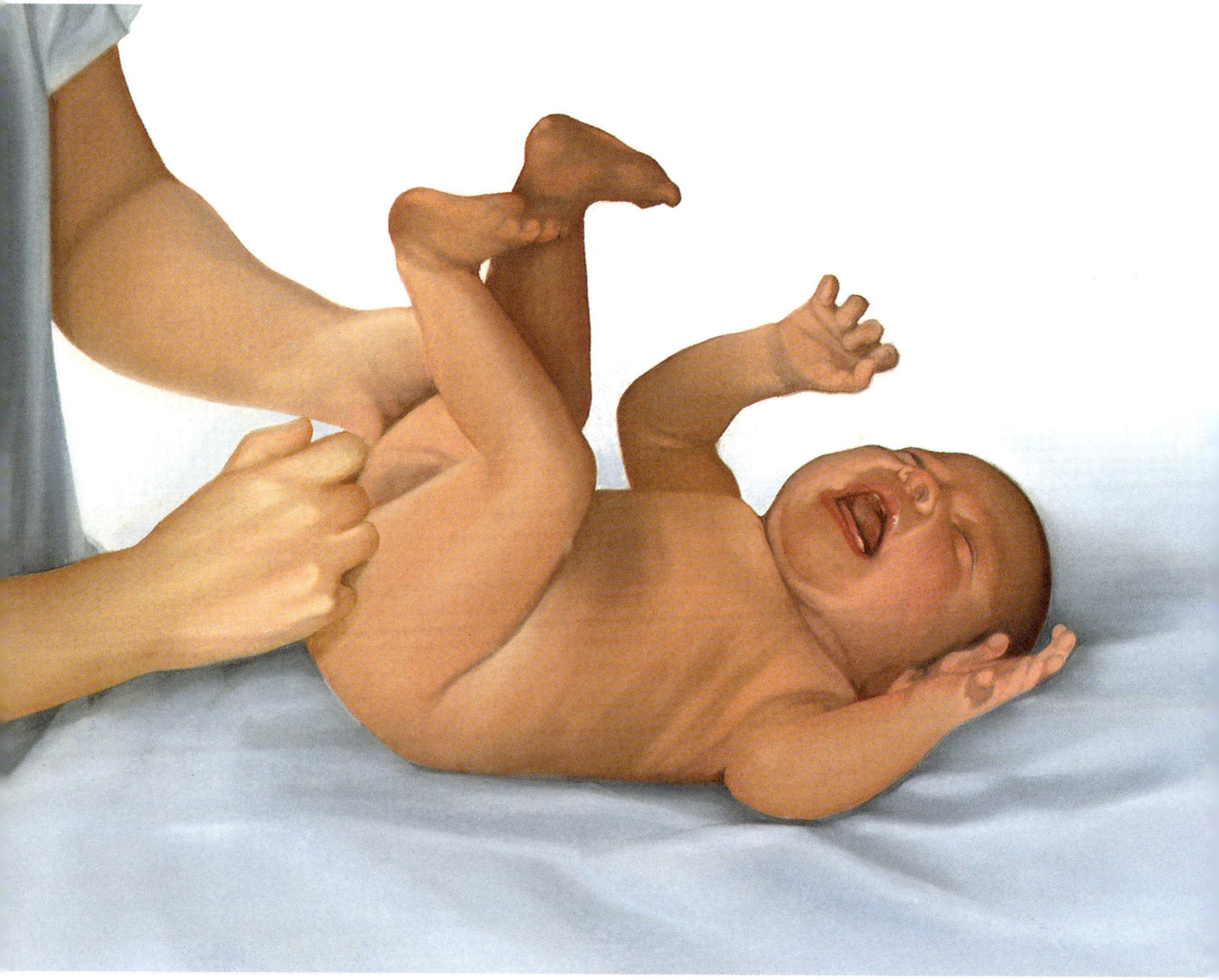

– Mais ça doit faire mal à la maman ?
– Non, elle ne sent rien. Pendant l'opération, ou bien elle est endormie, et à son réveil elle découvre son enfant qui dort dans un berceau ; ou bien on lui fait une anesthésie du bas du corps, appelée anesthésie péridurale, qui lui permet de rester consciente et d'assister à la naissance.
– Et les jumeaux ? demande soudain Sylvie. Est-ce qu'ils se bousculent pour sortir ?
– Non, ils naissent l'un après l'autre, tout à fait normalement. Ils ne se présentent jamais ensemble.
– Les jumeaux sont-ils plus petits à la naissance ?
– Oui, mais pas aussi petits que les prématurés, les bébés qui naissent trop tôt, après seulement sept mois de grossesse, par exemple. Ceux-là sont placés dans une couveuse.
– Une couveuse ? répète Jean en pouffant de rire.
– C'est le nom de l'appareil, une sorte d'espace clos, vitré. Là, le bébé vit à peu près comme dans l'utérus, parce que ses organes ne peuvent encore fonctionner tout seuls. Il reçoit de l'oxygène, est nourri par perfusion ou artificiellement et vit dans une température constante. Quand il est assez fort, on le rend à sa maman.
– Comme si on le mettait au monde une deuxième fois... murmure Sylvie.

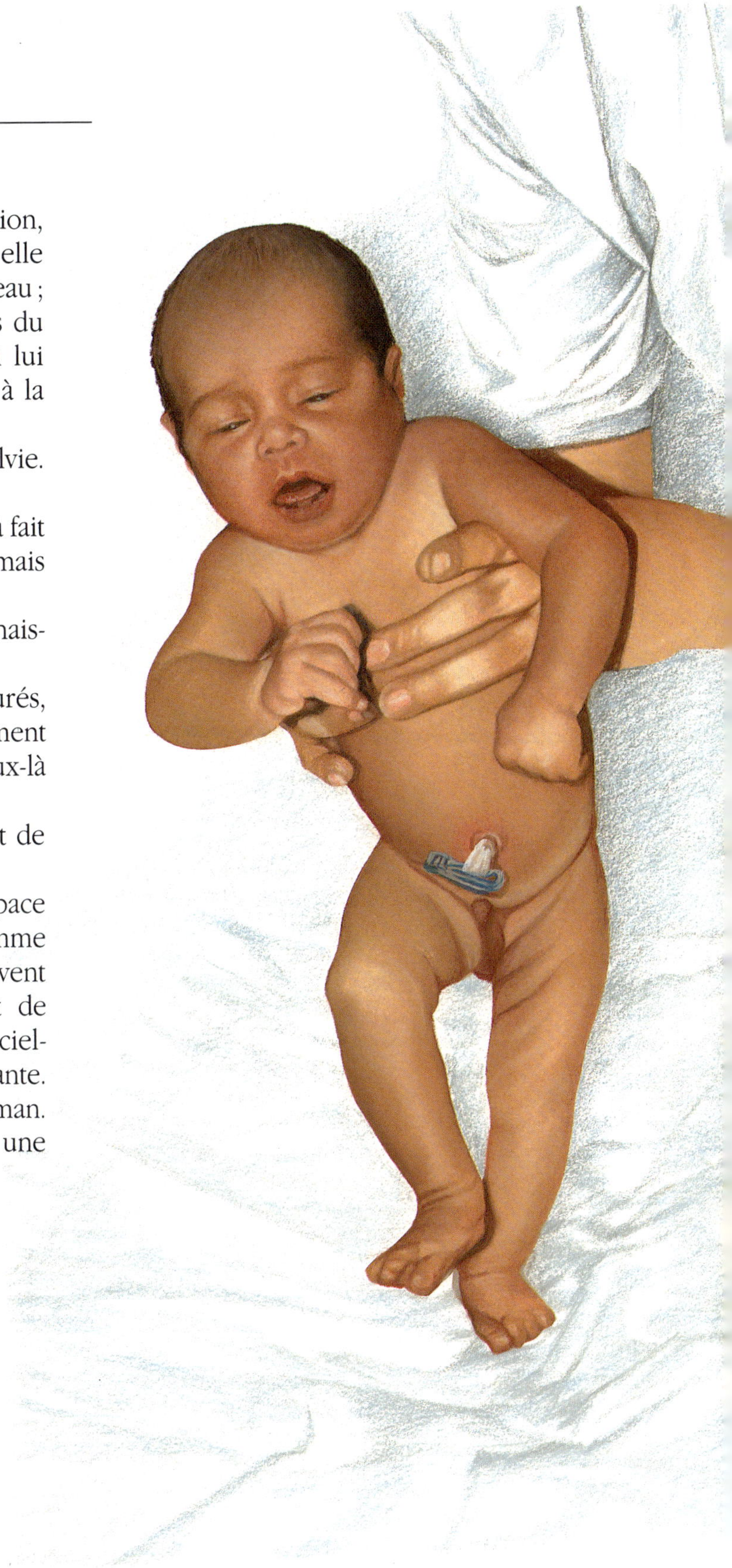

– On a été dans une couveuse, Sylvie et moi ?
– Cela ne fut pas nécessaire, vous étiez de superbes nourrissons !
– Tu nous as allaités ?
– Vous étiez de vrais affamés ! répond maman. Mais j'ai eu suffisamment de lait pour l'un comme pour l'autre.

Jean et Sylvie contemplent leur maman avec des yeux graves. Ils n'avaient jamais pensé à cela, avant de poser cette question.

– Toutes les mamans le font ? demandent-ils un peu intimidés.
– Non. Toutes les femmes ne peuvent pas allaiter. Certaines n'ont pas assez de lait, donc pas assez d'aliments dont l'enfant a besoin. D'autres travaillent et leurs horaires ne leur permettent pas d'assurer régulièrement les « tétées ». D'autres encore ne le souhaitent pas. Le nouveau-né est alors nourri au biberon, et souvent au lait en poudre, très facile à digérer.

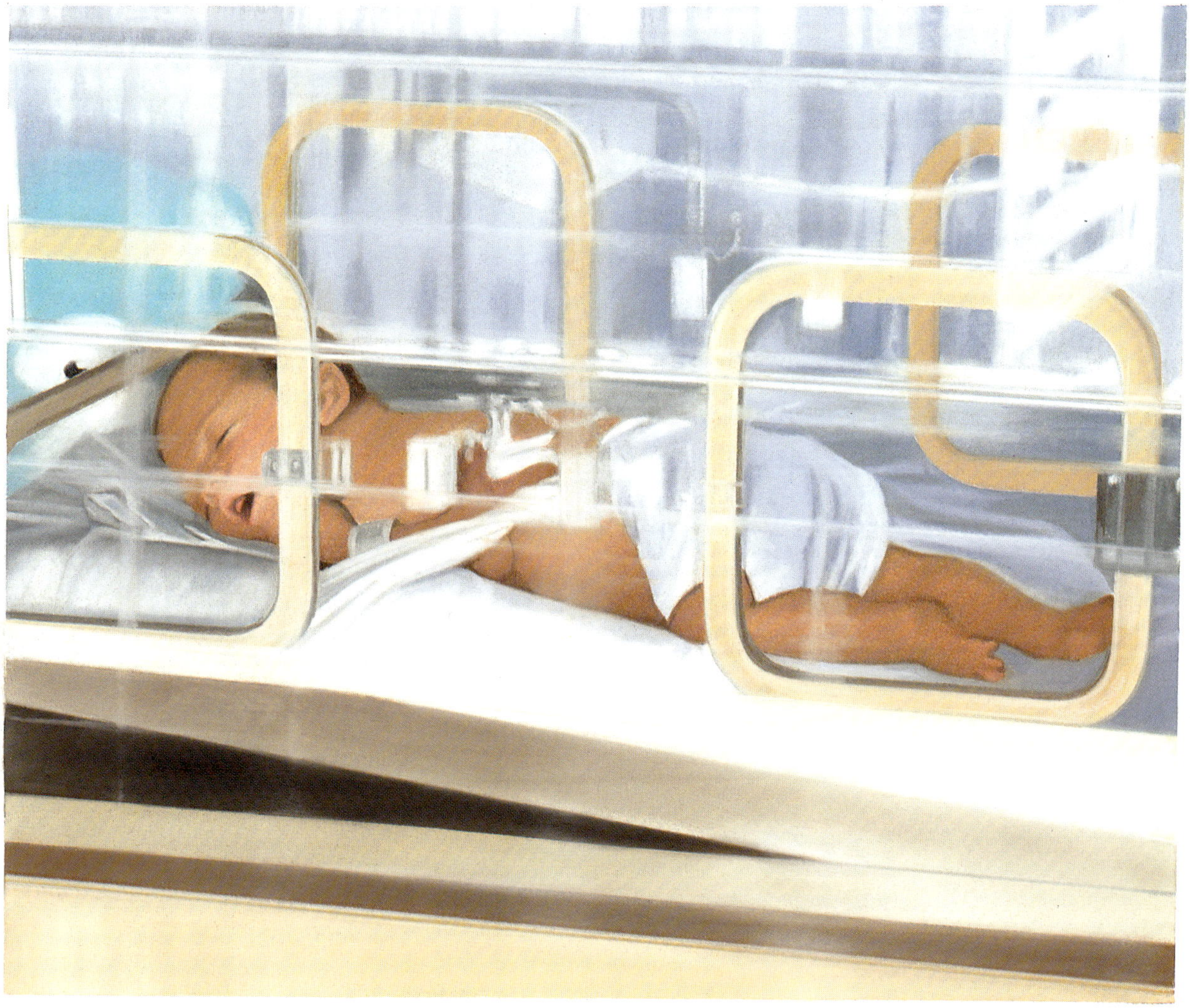

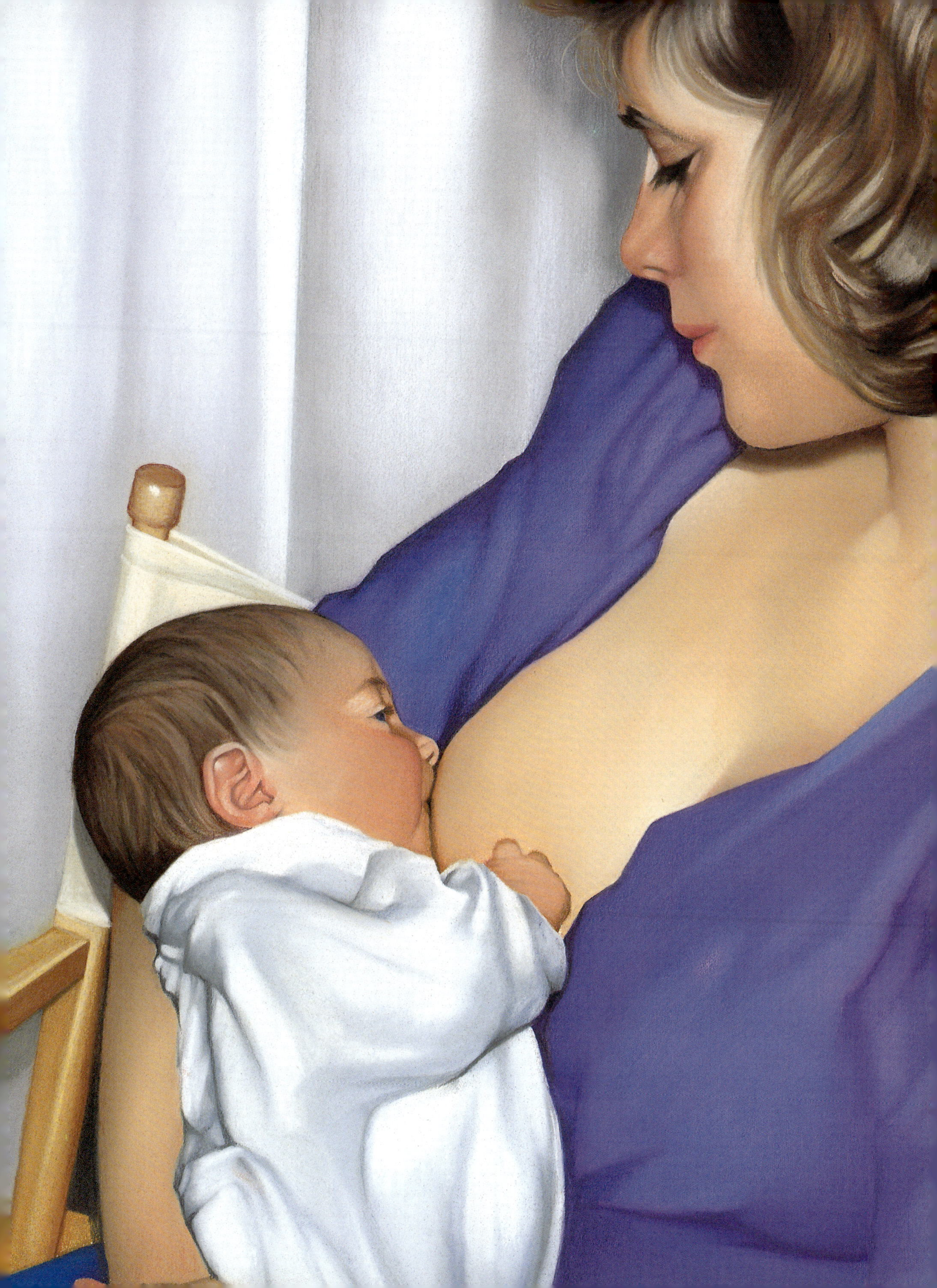

Jean toussote et dit :
– C'est bien beau tout ça, mais vous ne nous avez pas encore expliqué comment on faisait un bébé.

Sylvie approuve d'un hochement de la tête.
– Eh bien, pour ça, dit papa, comme vous le savez sûrement, il faut que l'homme et la femme fassent l'amour. C'est-à-dire que l'homme et la femme s'unissent et se mêlent intimement. C'est une chose très naturelle et les gens qui s'aiment, comme maman et moi, adorent faire l'amour ensemble. Ils se déshabillent, s'embrassent, se caressent, se serrent l'un contre l'autre. Certaines zones du corps sont très sensibles aux caresses, comme le gland du pénis, ou *le clitoris* chez la femme, situé juste au-dessus de l'orifice par où l'urine s'écoule. Il arrive un moment où l'homme et la femme ont envie de se mêler plus intimement, afin d'avoir encore plus de plaisir et de n'être plus qu'un seul et même corps. L'homme introduit alors sa verge dans le vagin de la femme et il bouge régulièrement en elle, en accordant ses mouvements avec les siens. À ce moment-là, le pénis de l'homme est très dur, on dit qu'il est en érection. Jean et ses copains doivent déjà connaître ce phénomène, qui chez les jeunes garçons se produit souvent pendant le sommeil.

Jean murmure un oui inaudible puis ajoute timidement :
– C'est ce qu'on appelle bander, c'est ça ?
– Oui, dit papa, mais le vrai nom, c'est érection. Et au bout d'un moment, le plaisir est si intense que l'homme éjacule, c'est-à-dire que le sperme de l'homme, qui contient les spermatozoïdes, sort en jets puissants de son pénis et pénètre dans le vagin de la femme. C'est ainsi, que, peut-être, un spermatozoïde pourra rencontrer un ovocyte et créer un enfant. Ce moment est souvent le plus beau moment qu'on puisse connaître. On l'appelle le plaisir sexuel. Il peut durer longtemps. On peut l'éprouver plusieurs fois de suite. Lorsque l'homme a éjaculé, son sexe devient mou et plus petit. Il faut éveiller à nouveau son désir pour recommencer à faire l'amour. Le garçon qui n'a pas encore fait sa puberté, présente aussi des érections du pénis. Elles ne s'accompagnent pas habituellement d'éjaculation. Le désir chez les êtres humains est une chose très compliquée, il suppose que l'homme et la femme aiment aussi parler ensemble, se promener, découvrir et partager des sentiments, des sensations... bref, éprouver l'un pour l'autre de la tendresse.
– Et la femme, comment ressent-elle le désir ? demande Jean.
– C'est un peu comme si l'on fondait, répond maman... Un liquide se forme dans le vagin, tout au fond de soi. C'est très agréable.
– Et après ?
– Après, il y a donc le plaisir de faire l'amour ensemble qui se termine par un moment de jouissance extrême et merveilleux qu'on appelle l'orgasme.

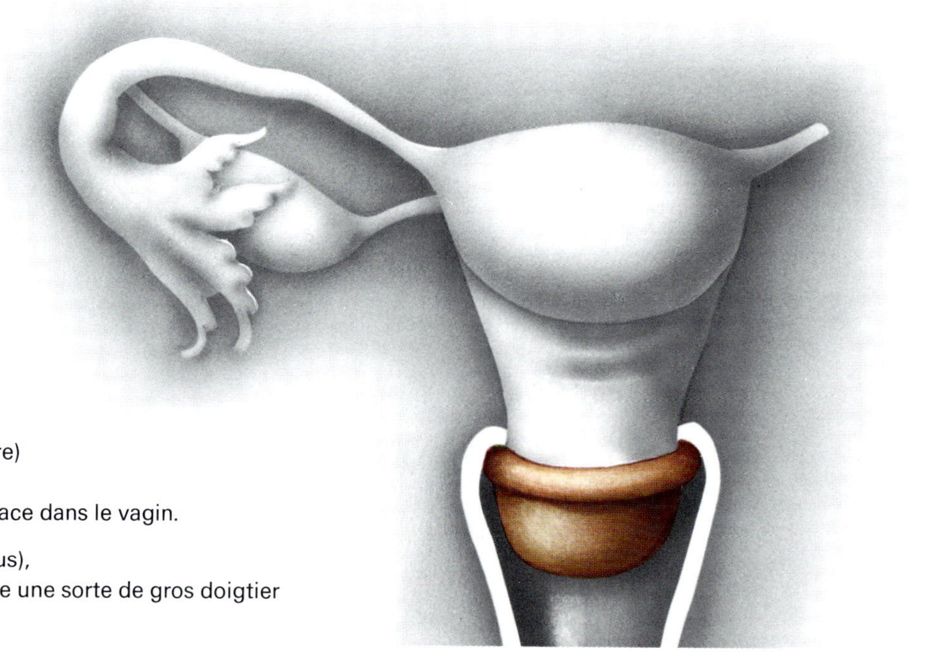

Le diaphragme (ci-contre)
est un petit capuchon
de caoutchouc qui se place dans le vagin.

Le préservatif (ci-dessous),
recouvre le pénis comme une sorte de gros doigtier
sur un doigt.

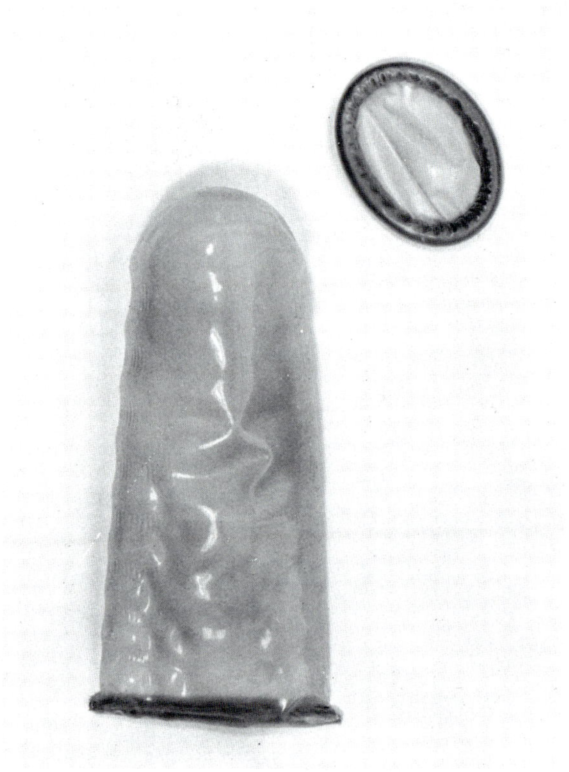

– Alors, à chaque fois que vous faites l'amour, dit Jean ébahi, vous pourriez avoir un enfant ?
– Non, pas chaque fois, puisque la femme ne fabrique qu'un ovocyte par mois. Aujourd'hui la contraception permet d'avoir un enfant uniquement lorsqu'on le désire. Ce fut le cas pour vous, c'est encore le cas pour Julien. Le reste du temps, la femme peut prendre la pilule. C'est un contraceptif qui empêche l'ovulation de se produire. Comme ça, elle peut avoir des rapports sexuels sans aucune inquiétude.
– Mais si elle n'a pas d'ovulation, elle n'aura plus jamais de bébé ?
– Il lui suffira d'arrêter de prendre la pilule et au bout d'un certain temps – si elle le désire, – elle pourra très normalement être enceinte.
– ...L'homme aussi, poursuit papa, prend des précautions. Il n'oublie pas de mettre un préservatif sur son pénis. C'est, comme vous

le savez par les publicités, un étui de caoutchouc très fin, qui empêche le passage du sperme dans le vagin. Il n'empêche nullement le plaisir. Et puis, avec un préservatif, les gens qui n'ont pas toujours le même partenaire peuvent faire l'amour sans crainte d'attraper une maladie sexuellement transmissible (M.S.T.), comme le SIDA, par exemple.

– Et est-ce qu'il existe d'autres moyens de contraception ? demande Sylvie.

– Oui, répond maman. Tout d'abord il y a la méthode Ogino (du nom de son inventeur japonais), basée sur le calcul du jour de l'ovulation, et celle des températures : la femme prend régulièrement sa température (qui varie pendant le cycle de l'ovulation) et ainsi calcule les jours où elle peut faire l'amour sans risque. Mais ces méthodes sont peu fiables : on rencontre souvent des « bébés Ogino ».

– Des bébés surprises ! s'esclaffe Sylvie.

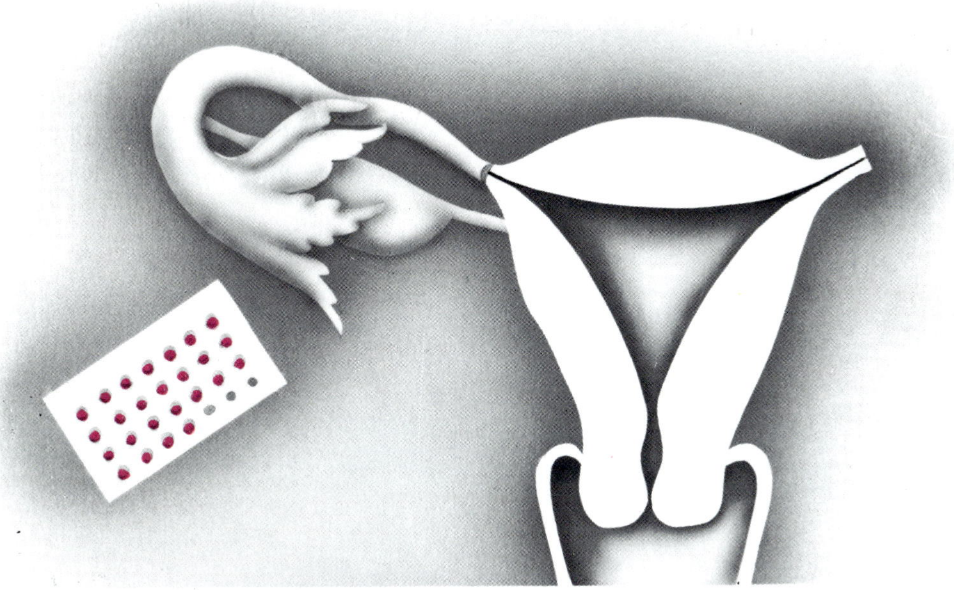

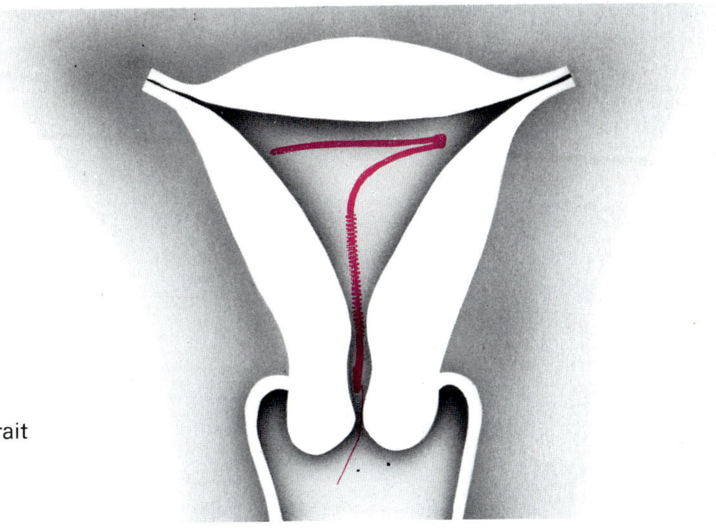

La pilule (en haut), supprime l'ovulation. A condition qu'il n'y ait pas d'oubli dans l'absorption des comprimés, elle est la seule méthode anticonceptionnelle à présenter une efficacité absolue.

Le stérilet (ci-contre), est un petit appareil anticonceptionnel en matière plastique. Le médecin le place dans la matrice, là où se développerait le bébé s'il y avait grossesse. Il assure une sécurité très appréciable.

– Il y a encore deux autres méthodes contraceptives. La première est l'application chez la femme d'un diaphragme, un capuchon en caoutchouc, qu'on utilise avec une crème spermicide et qui bloque l'entrée de l'utérus. Aucun spermatozoïde ne pouvant y pénétrer, l'ovocyte ne risque plus d'en rencontrer un dans une trompe.
– Certaines femmes, ajoute papa, utilisent aussi le stérilet, une petite tige en plastique, qu'un médecin introduit dans l'utérus. Il n'y a plus alors aucune place pour que l'œuf puisse se développer.
– Si les méthodes contraceptives existent, dit Sylvie, pourquoi la tante de Véronique a-t-elle dit qu'elle « avait eu un troisième enfant sans le faire exprès » ?
– Parce qu'elle et son mari ont été négligents, comme beaucoup de couples le sont encore, affirme maman. Mais ce troisième enfant n'était

pas une catastrophe, tu sais... Tandis que chez les gens pauvres et démunis, la naissance de nombreux enfants pose de terribles problèmes, pour les nourrir et les élever !
– Comme aux Indes ? intervient Jean qui se souvient d'un documentaire à la télévision. Il y a trop d'enfants et pas assez à manger, c'est ça ?
– Oui, mon grand. La surnatalité est un très grave problème qui conduit certains peuples à la famine et à la misère.
– On ne fait rien pour les aider ?
– Au début, on a conseillé et encouragé la pose du stérilet chez les femmes. Mais aujourd'hui, on pratique la stérilisation des femmes et des hommes. Aux Indes, en Chine...
– Je connais le lait stérilisé ! dit Jean coupant son père.
– Très bien, mais cela n'a rien à voir, assure papa. La stérilisation est une opération. Aux femmes, on ligature l'entrée des trompes, regarde le dessin p. 56. De cette façon, les spermatozoïdes ne peuvent atteindre ni les trompes, ni l'ovocyte !

Aux hommes, on ligature les canaux déférents. L'éjaculation se produit comme avant, mais le sperme ne contient plus de spermatozoïdes.
– Mais, dit Sylvie, c'est une opération « pour toujours » ? Après on ne peut pas les remettre bout à bout pour avoir des bébés ?
– Non, c'est difficile. Il faut que tu comprennes que les hommes et les femmes qui acceptent d'être stérilisés ont décidé de ne plus jamais avoir d'enfants.
– Autant en nourrir six, que d'en voir mourir douze ! affirme le petit garçon, péremptoire.
– Et le stérilet, on peut l'enlever pour avoir un bébé ? Oui ? Bon, alors moi, quand je serai grande, je choisirai entre la pilule et le stérilet. Et peut-être même qu'à ce moment-là, je pourrai aussi choisir entre une petite fille et un petit garçon.

Sylvie, disant cela, regarde sa maman droit dans les yeux...
– Pourquoi pas ? répond maman, avec une légère ironie. Si la science chausse des bottes de sept lieues, et fait des pas de géant... Mais je crains fort que tu sois obligée de faire comme moi : d'attendre la surprise... (1)
– Il faut aussi que vous sachiez, intervient papa avec une voix plus grave, qu'il y a des couples désirant passionnément un enfant, et qui ne le peuvent pas.
– Ils ne le peuvent pas ?
– Le fonctionnement des cellules sexuelles est subtil et capricieux... Parfois la femme ne produit pas d'ovocytes, ou bien l'homme, pas de spermatozoïdes. Il arrive aussi que ceux-ci se heurtent à un obstacle, soit dans les canaux déférents, soit parce que les trompes sont bouchées.
– Les médecins ne font pas de greffe ? On ne peut pas réparer ces tuyaux, ou les remplacer par des tubes en matière plastique ?

(1) ou l'échographie, qui est un examen qui permet de connaître dès le 4e mois de la grossesse, et si on le désire, le sexe du fœtus.

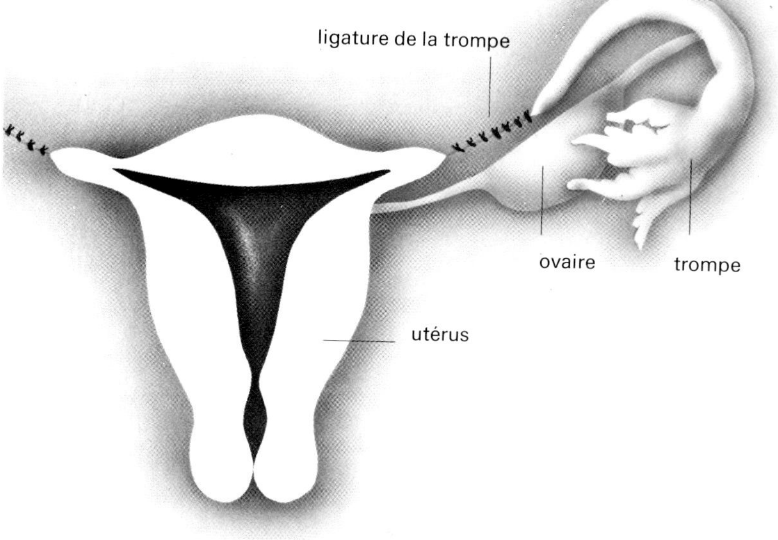

La stérilisation, petite opération pratiquée soit chez la femme, soit chez l'homme, empêche *définitivement* le couple d'avoir des enfants. Chez la femme, on fait une ligature des trompes, chez l'homme, une ligature des canaux déférents.

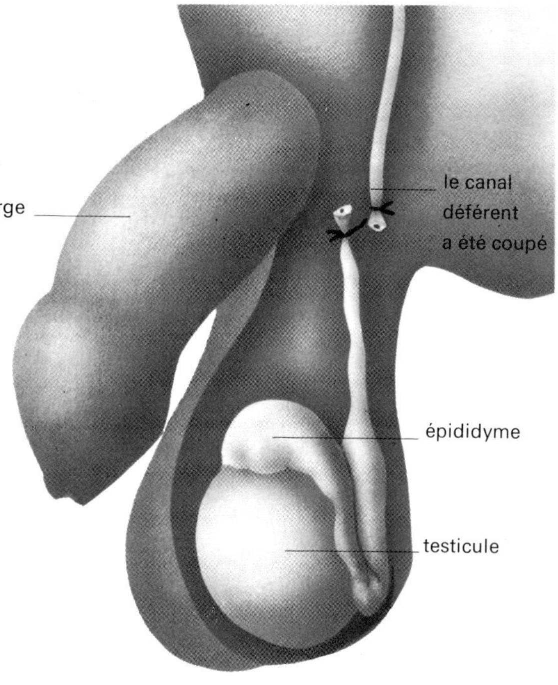

– Pour l'instant, on se contente de rectifier le canal ou la trompe en opérant, et c'est très délicat. Et puis aussi, on peut contourner l'obstacle par la technique des bébés-éprouvettes. C'est-à-dire qu'on prélève, chez les femmes dont les trompes sont obturées, un ovocyte qui sera fécondé in vitro, donc à l'extérieur de son corps, avec un spermatozoïde prélevé chez le père. Ensuite, deux jours plus tard, quand l'œuf est au stade de quelques cellules, on le réimplante dans l'utérus de la mère.
– Et puisque nous parlons des conceptions difficiles, ajoute papa, il faut que vous sachiez que parfois des couples « perdent » leur bébé au bout de quelques semaines. Cela s'appelle un avortement spontané.
– Tiens, les femmes ne font pas d'avortement exprès ?
– Si une femme décide de ne pas avoir son bébé, elle peut interrompre sa grossesse à son début. Si elle tombe gravement malade pendant sa grossesse, et que l'enfant risque d'en souffrir, son médecin la fera avorter. Mais ce n'est pas sans danger, et seul un médecin doit s'en occuper.

Jean fait une triste figure. Pour le divertir, papa propose aussitôt que tous se préparent pour une longue promenade dans les bois.
– Même maman ? demande Sylvie
– Oui, répond maman, mais je marcherai doucement. Rassure-toi. Et ils disparaissent.

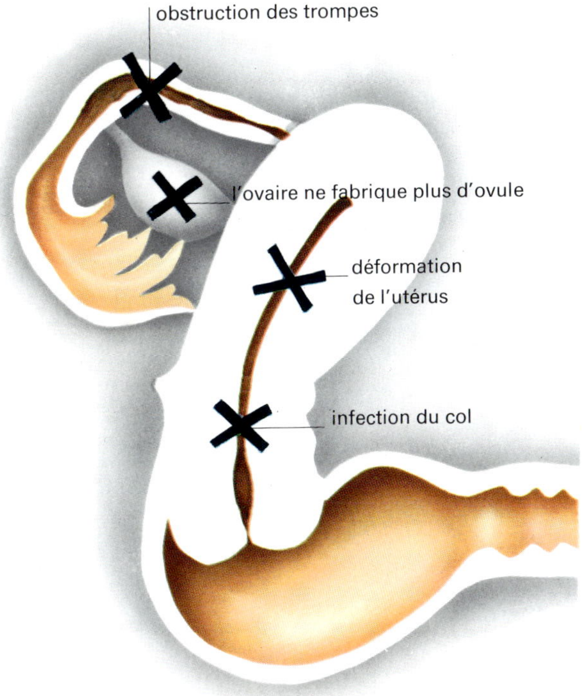

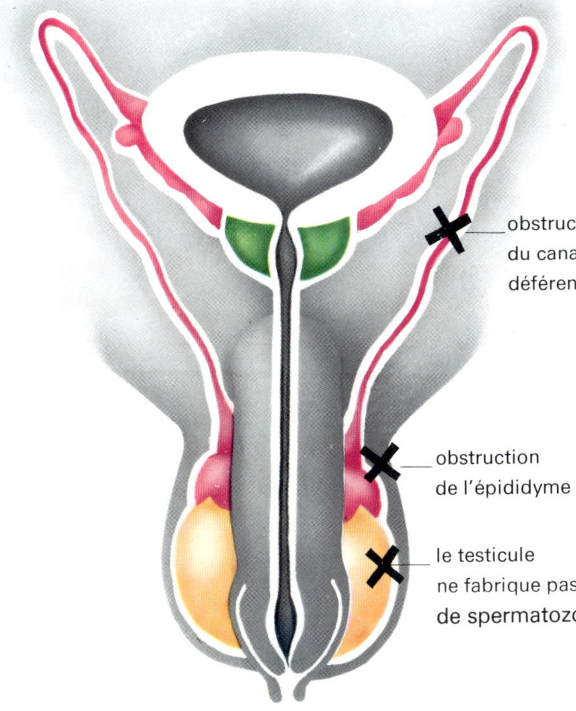

La stérilité de la femme (en haut) provient soit de l'ovaire, qui ne fabrique pas d'ovocyte, soit d'un obstacle sur le chemin de rencontre du spermatozoïde et de l'ovocyte. Il peut s'agir d'une obstruction des trompes, d'une déformation de l'utérus ou encore d'une infection du col dont les sécrétions s'opposent à l'ascension des spermatozoïdes.
La stérilité chez l'homme (ci-contre) peut provenir d'une malformation du canal déférent ou de l'épididyme.

Quelques jours plus tard, après une partie de Monopoly, la conversation roule à nouveau sur la vie sexuelle. Maman vient de dire que cette nuit, Julien lui a donné un grand coup de talon !

– Il fera du rugby, clame Jean, fou de joie.

– Mais tu n'as pas eu peur ? demande Sylvie un peu inquiète.

– Non, je ne me suis pas énervée ; J'ai caressé mon ventre, pour lui faire un signe affectueux.

– Dis donc, qu'est-ce qu'il va ressentir quand il se retrouvera au sec ?

– Sans y être préparé, ce doit être la plus grande surprise et la plus grande aventure que l'on puisse vivre... J'y pense souvent, avoue maman. Mais je serai là pour le réchauffer, le nourrir et le rassurer...

– N'empêche qu'il va passer un sale quart d'heure ! Le bruit, le froid, le premier cri pour pouvoir respirer, la toilette – oreilles, nez, gorge et tout –, la première tétée... Hou, là, là !

– N'exagère pas, s'insurge Sylvie. Le bébé va trouver le lait excellent, les langes confortables, les bras de maman drôlement doux... Je suis sûre qu'il sourira aux anges !

– La première semaine de sa vie, il ne voit pas grand-chose, seulement les changements de lumière, une lampe par exemple, qu'on allume dans le noir. Puis l'enfant distinguera ce qui est tout près de lui.

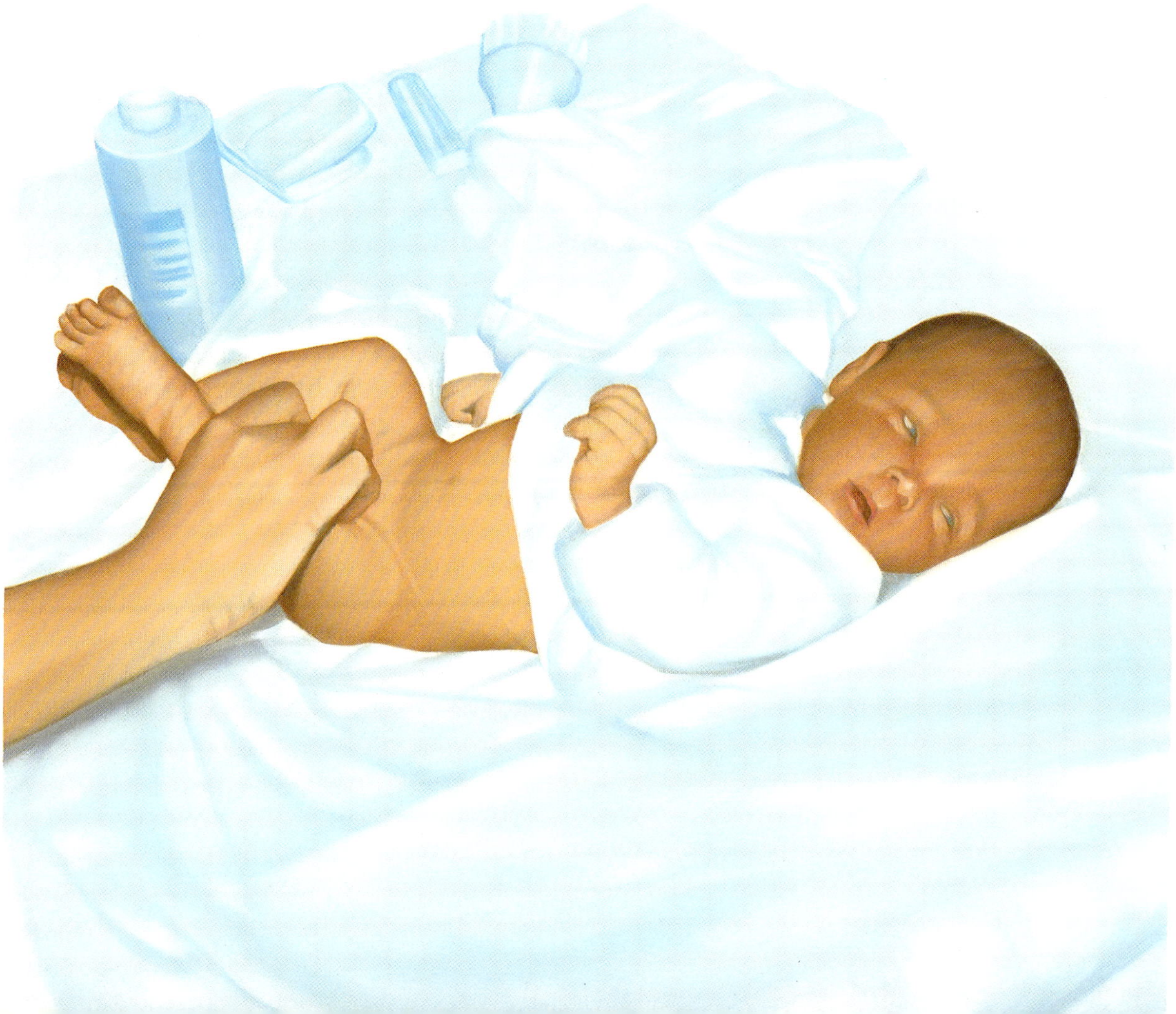

– Il reconnaîtra maman ?
– Maman... et moi aussi ! intervient papa... On s'apercevra alors qu'il est capable de suivre les mouvements des yeux.
– Comme un explorateur qui découvre une terre inconnue, dit Jean avec enthousiasme.

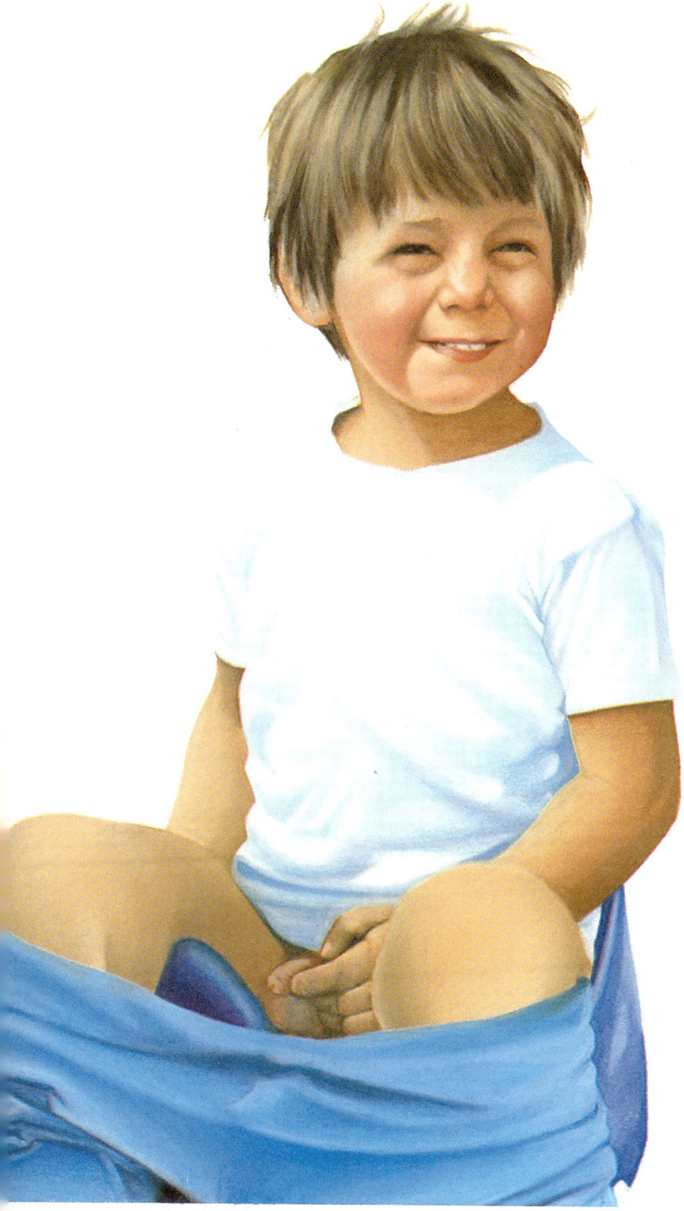

– Il explore surtout avec sa bouche, tu sais ! souligne encore papa. Téter le sein de sa maman, ou le biberon, procure à l'enfant son premier grand plaisir. Non seulement il éprouve la satisfaction d'apaiser sa faim, mais il éprouve un plaisir plus subtil, sensuel...
– C'est pour retrouver cette sensation que les enfants sucent leur pouce, ou portent tout à la bouche ? interroge Sylvie qui commence à prendre l'air rêveur de quelqu'un qui se souvient...

Jean, d'ailleurs, lui jette un rapide coup d'œil, puis éclate :
– Toi, tu suçais tous les colliers et les bagues de maman, mes jouets, le ruban de ton hochet...
– Qu'est-ce que tu veux ! répond Sylvie un peu vexée, pour les bébés, il paraît qu'il n'y a que la bouche qui compte !
– Pas seulement la bouche, souvenez-vous...

Sylvie et Jean affichent une mine surprise.
– Les tout petits enfants doivent s'alimenter, digérer, puis... ?
– Aller sur le pot !
– Voilà... Et si leur corps fonctionne bien, ils y prennent aussi un grand plaisir ! Ils aiment leur corps, ils aiment toucher leurs organes génitaux. L'anus devient une partie de leur individu très importante et très agréable.

Les deux enfants pouffent de rire, et Jean constate :
– C'est vrai, les petits ont toujours l'air content sur le pot ! On dirait même qu'ils font durer le plaisir...
– Ils montrent aussitôt leur indépendance et se révoltent contre les règles imposées. Par exemple, un tout petit adore la tétée, mais déteste les horaires... Si elle se fait attendre, il pousse des cris de colère... Il n'ignore pas que ses gros sanglots peuvent attirer l'attention de sa maman, car sa survie est à ce prix.
– De toute façon, ajoute papa, quand l'enfant a bien crié, il s'endort. Et très souvent, il sourit

dans son sommeil. Il imagine des plaisirs... Vous rêviez tous les deux.
– Je m'en souviens ! déclare Jean. Je rêvais toujours que j'étais sur le pot, et...

Et maman pousse un discret soupir avant de répondre :
– Tous les enfants font ce rêve, qui marque le premier refus d'obéir à leur mère. J'ai dû, moi aussi, t'imposer des horaires stricts en fonction de ton alimentation. Mais j'ai toujours fait attention à ne pas être trop sévère, pour te laisser organiser tes plaisirs et tes rêves...
– C'est si important que ça ?
– Oh oui ! insiste papa. Le petit enfant aime sucer son pouce, jouer avec ses organes sexuels, les caresser... C'est un moyen pour lui de faire connaissance avec son corps, et même de supporter une certaine solitude. C'est un besoin vital de se toucher et de toucher l'autre...
– Moi, avoue Jean, je ne me souviens de rien d'autre, à l'époque j'étais si petit... À part le rêve où je faisais pipi, et le reste... et en toute liberté, puisque je croyais être sur le pot !
– Il faut que je vous parle d'un médecin viennois nommé Sigmund Freud, dit papa. Il a fait des découvertes extraordinaires sur la mémoire des premières semaines de la vie. Il nous a appris, entre autres, que si les êtres humains aiment s'embrasser, c'est parce que la bouche fut la première partie du corps à avoir ressenti du plaisir.

Jean et Sylvie écoutent attentivement. Ils ne comprennent pas très bien, mais néanmoins ne semblent pas surpris. Sylvie, même, interroge son père avec sérieux :
– On ne garde que les souvenirs agréables ?
– Non, bien sûr. On garde tout, ma grande... C'est ainsi qu'un enfant grondé par ses parents au moment de ses premiers jeux sexuels, en conservera une impression pénible tout au fond de la mémoire, et quand il sera devenu adulte, ce malaise risque de persister. Au moment de « faire l'amour », il aura peur sans raison, comme s'il était encore fautif et risquait une punition. Cette impression peut le poursuivre longtemps.

Jean hésite, puis reconnaît :
– Vous ne nous avez jamais punis, Sylvie et moi... Pourtant, on a joué à des jeux... euh...

Maman immédiatement lui vient en aide, car ce qu'il évoque est difficile à expliquer.
– Vous êtes allés à l'école, et vous vous êtes moins souciés de votre corps. Vous vous êtes fait des amis. Enfin, vous êtes sûrs de notre affection ! C'est surtout lorsqu'un enfant se sent abandonné qu'il continue à vivre comme un bébé, tu comprends ? Il est capable de tout pour provoquer l'intérêt... jusqu'à ouvrir sa braguette en public, par exemple.

Et même les gifles, alors, lui feront peut-être plaisir, car elles seront la preuve que ses parents s'occupent de lui.

Aujourd'hui, par le plus grand des hasards, une amie de maman vient lui rendre visite avec son dernier enfant : un tout-petit, emmitouflé sous un bonnet très rigolo... Sylvie ose le prendre un instant dans ses bras, mais très vite intimidée, elle le confie à sa maman.

Après le départ de cette amie, Jean reste silencieux, puis murmure entre ses dents :

– Ah ! on peut dire que tu les aimes, toi, les bébés !

– Mais tu es jaloux ! constate maman, plissant les yeux de vanité.

– Lui ? éclate Sylvie. Il en est malade quand tu fais du charme à ses copains !

– Pas vrai !

– Allons... Vous n'allez pas vous disputer à cause de ce bébé ! Nous avons tous besoin d'affection et de tendresse, dit maman, attirant contre elle son grand garçon boudeur.

– Mais un bébé, c'est juste un petit être qui ne comprend rien à l'amour de sa mère, il ne s'en rend même pas compte.

– Mais si. Très tôt, un petit enfant est capable d'émotion, répond papa. Il s'attache à sa mère parce qu'elle le nourrit, bien sûr, mais aussi parce qu'elle « vit » avec lui. Elle le rassure quand il a peur, elle lui parle, elle rit avec lui, elle l'encourage dans tous ses efforts.

– Et quand elle le regarde sévèrement, continue maman, le bébé est fâché et malheureux. Il lui en veut. Il éprouve des sentiments d'autant plus violents qu'ils sont inexprimés, puisqu'il ne sait pas parler. Il peut l'aimer et la détester en même temps, et c'est tout naturel. L'enfant ressent aussi la peur et la honte. Si sa maman s'éloigne, il croit toujours que c'est pour le punir.

– Alors qu'elle le quitte peut-être pour aller à son travail, suggère Sylvie, et pour s'occuper d'un deuxième bébé ?

– Ah, oui ! la « petite sœur » !

– C'est pour moi que tu dis ça ?

Papa n'aime pas beaucoup que le ton monte aussi rapidement. Il intervient.

– Certainement pas ! Car nous avons fait très attention, maman et moi, de ne pas vous laisser croire à des préférences. Nous vous aimions également tous les deux. Et rien ne remplace l'affection de ses parents.

– Il y a pourtant des enfants élevés par une nourrice ! s'exclame Sylvie, qui se souvient d'un roman qu'elle vient de lire.

– Oui. Elle ne peut certes pas remplacer tout à fait la maman. Mais elle connaît bien les besoins des enfants, elle est capable de les aider à se développer très normalement.

– Quand même, constate Sylvie, elle ne les porte pas pendant neuf mois, elle ne les a pas aimés avant leur naissance.

Maman a une lueur dans l'œil... « La lueur », c'est ainsi que Jean et Sylvie appellent ce regard qui est synonyme de confidence.

– Je me souviens d'une symphonie de Mozart, dit maman. C'était quatre ou cinq mois avant ta naissance, Jean. J'étais au concert avec papa et tu as bougé pour la première fois en moi... Je l'ai dit à l'oreille de papa, qui m'a serré la main, fort, très fort. Il m'a regardée très ému, c'est-à-dire qu'il s'est mis à battre des paupières...

– On sait ! s'écrient les enfants.

– Je ne pourrai jamais oublier cette impression de totale plénitude.

Sylvie, qui se sent un peu jalouse, s'assied sur les genoux de son père pour lui prendre le visage à deux mains. Elle lui dit tout près : « Cligne des yeux pour moi, papa ! »

Et papa cligne ! Et Jean prend l'air condescendant des garçons qui répugnent à de tels enfantillages...

– Depuis qu'elle est toute petite, tu cèdes devant ses grimaces ! « Fais-moi un câlin, papa », ajoute le petit garçon en singeant sa sœur.

– Je cède aussi à tes grimaces, petit sauvage ! Et comme je vous ai langés, débarbouillés, surveillés sur le pot et ailleurs, soignés dans toutes vos maladies, etc... Je pense que j'ai parfaitement le droit de faire des câlins quand j'en ai envie ! Seulement, avec toi, les câlins ressemblent plus à des batailles... Forcément, entre hommes !

– Moi, je ne suis pas jalouse dans ces cas-là ! commente Sylvie, décochant sa flèche et son plus charmant sourire à son frère.

– Il y a une époque de l'enfance, vers l'âge de trois ans, où la petite fille s'attache plus à son père, et le garçon à sa mère. L'enfant commence à percevoir la différence des sexes de ses parents, leur entente, leur intimité. Il n'aime pas dormir tout seul, alors qu'eux sont deux dans le même lit... Le petit garçon instinctivement, devient jaloux de son père. Il a l'impression qu'il lui vole sa maman, la nuit ! la petite fille, elle, usera de coquetterie pour retenir son papa près d'elle, et du même coup pour rivaliser avec sa maman.

– On a fait ça, nous ?

Maman s'amuse franchement de l'innocence indignée de leur question :

– Toi, Jean ? Tu donnais tout simplement des coups de poing à papa, pour l'empêcher de m'embrasser... Mais nous ne nous fâchions jamais. Nous savions que, pour les enfants, cette époque est pénible et qu'ils souffrent pour de bon.

– Et moi ? et moi ?

– Toi, mon lapin, répond papa, tu m'as supplié d'envoyer maman à la campagne, pour rester seule avec moi.

– Tu m'as grondée ?

– Pas du tout... Et je ne me suis pas moqué de toi. Je t'ai expliqué que nous pourrions difficilement, toi et moi, nous passer d'elle !

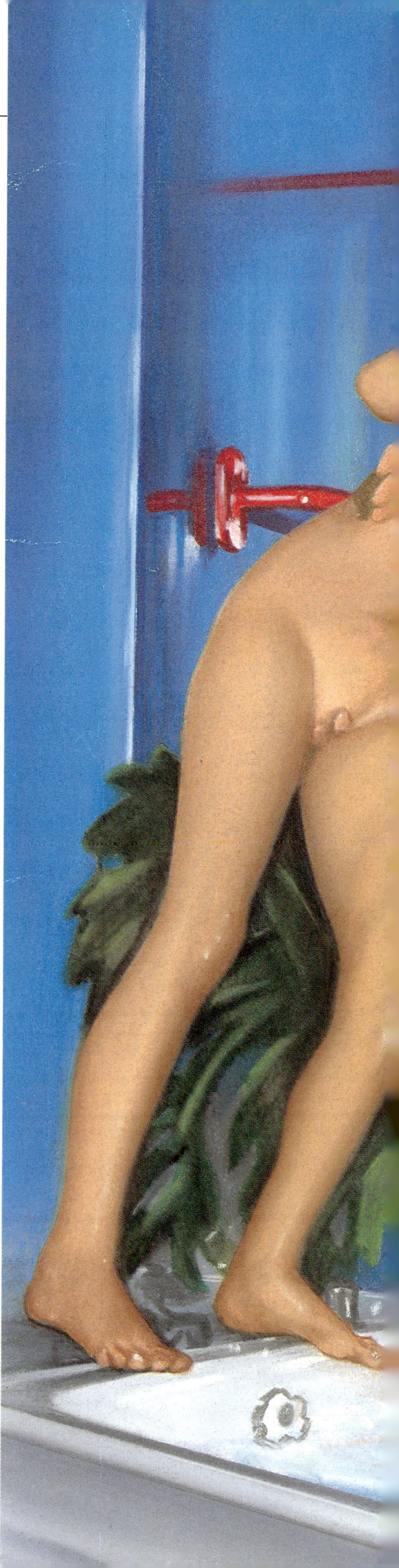

Ce matin, c'est la bousculade dans la salle de bains. Jean, qui est d'humeur joyeuse, commence par arroser maman, laquelle, pour rire, pousse à son tour Sylvie dans la baignoire remplie d'eau ; papa s'en mêle et cela finit par une gigantesque bataille où tout le monde se retrouve trempé de la tête aux pieds.

– Voilà ce que j'appelle faire le ménage, dit Jean en contemplant les flaques d'eau sur le carrelage, Et tous éclatent de rire.

– Si mamie voyait ça ! dit Sylvie. Nous quatre, nus, en train de s'asperger dans la salle de bains, elle nous croirait fous !

– Il faut comprendre, dit maman, les mœurs ont beaucoup évolué. Les relations entre parents et enfants sont aujourd'hui beaucoup plus libres que du temps de mamie. Les relations entre hommes et femmes aussi ont changé. Les droits de la femme ne sont reconnus que depuis peu de temps, et encore, pas partout ! Avant les femmes devaient se consacrer exclusivement à la vie domestique ; elles n'avaient pas le droit de voter, ni de sortir, ne faisaient pas les mêmes études que les hommes et ne travaillaient que rarement, le plus souvent pour des besognes pénibles et peu intéressantes, comme, d'ailleurs, cela reste le cas dans de nombreux pays.

Jean profite de la discussion pour poser une question :
– Dans les WC, à l'école, quelqu'un a écrit « Vive le plaisir solitaire ». Cela fait rire tout le monde, mais moi je ne comprends pas ce que ça veut dire ?
– Le plaisir solitaire, dit papa, c'est la masturbation. Cela signifie qu'on peut découvrir le plaisir seul, avec son propre corps, en secouant sa verge, sans partenaire. Tu as déjà dû entendre des copains dire qu'ils se « branlaient ». Je n'aime pas trop ce mot, je préfère se masturber, mais il désigne la même chose.
– Et c'est dangereux, demande Jean, de se masturber ?
– Non, la masturbation n'est pas un vice ni un danger. Elle ne rend ni sourd, ni idiot, ni aveugle. Elle n'empêche pas d'avoir des enfants. Les garçons comme les filles la pratiquent et y prennent goût, mais le plaisir est bien meilleur lorsqu'il est partagé. Il est doublé, tu comprends ?

...Il y a des hommes qui n'ont jamais pu partager leur plaisir ni trouver un partenaire qui les comprenne. Cela entraîne parfois des comportements aberrants. Les exhibitionnistes, par exemple, sont des hommes qui montrent leur sexe en écartant furtivement, et un peu honteusement leur manteau. Ces hommes ne sont pas dangereux. Ils ont certainement eu des problèmes quand ils étaient enfants, mais personne ne s'en est aperçu et n'a tenté de les comprendre... Alors leur sexualité n'a jamais atteint un stade normal, et ils se vengent plus tard. Précisément sur des enfants.

– Et s'ils voulaient nous toucher ? demande Sylvie.
– C'est peu probable, dit papa. Mais il existe d'autres malades sexuels très dangereux, et comme vous êtes des enfants vous ne pouvez pas les reconnaître. Ce sont des sadiques, qui éprouvent parfois un terrible besoin de jouir en faisant mal aux petits garçons ou aux petites filles. Ceux-là parlent aux enfants, offrent des cadeaux, des sucreries, une glace, des jouets, pour les attirer. Il faut toujours en parler à ses parents. Il ne faut jamais suivre un inconnu, même s'il est très gentil. S'il insiste et vous poursuit, criez, appelez au secours. Les gens comprendront immédiatement sans que vous soyez obligés d'expliquer la situation. D'ailleurs, ces hommes sont toujours très lâches, et prennent la fuite au premier appel.

Pour atténuer la soudaine gravité de papa, Sylvie lui fait un câlin en prime, chuchotant :
– Je n'aurai pas peur et je te promets de crier très fort... Mais j'espère bien que je ne rencontrerai jamais ces hommes.
– Je l'espère bien, ma chérie... Mais j'ai voulu vous en parler pour vous éviter des surprises désagréables. La vie sexuelle ne doit pas être un secret effrayant, ni un mystère. Trop de gens ignorent tout du fonctionnement de leur corps, alors comment pourraient-ils être équilibrés ? Tu sais, il faut apprendre à vivre en étant bien dans sa peau... Malheureusement, les parents restent le plus souvent étrangers et sourds aux questions de leurs enfants... J'espère d'ailleurs que tout ce que nous venons de dire vous permettra de vous accepter tels que vous êtes et de vous aimer. Bien sûr, vous vivrez des situations difficiles, peut-être compliquées, où le cœur et le sexe joueront un grand rôle, il vous faudra résoudre des problèmes imprévus...
– Qui ne sont pas dans notre livre ?
– Eh oui, c'est possible. On n'a jamais fini de se découvrir. Si maman et moi pouvons vous aider, n'hésitez pas à venir nous parler. L'apprentissage de la vie commence par la lucidité.
– « Connais-toi toi-même », profère Sylvie

Maman éclate de rire et salue sa fille, tellement lettrée. Puis elle propose à papa : « Tu as parlé comme un livre, chéri, alors que dirais-tu d'une promenade ? »
Proposition acceptée à l'unanimité. Et tout le monde se prépare pour une véritable exploration.

Index

Conçu sous forme d'un libre dialogue entre parents et enfants, ce livre ne comporte pas de têtes de chapitres. Cet index aidera le lecteur à trouver rapidement, parmi les sujets et problèmes abordés, celui qui l'intéresse plus particulièrement.
Les chiffres en italique renvoient aux illustrations et à leurs légendes.

Imprimé en France par MAME Imprimeurs à Tours
Dépôt légal n° 4910.10.89
29-72-1043-01/8
ISBN 2.01.015209.3

29/1043/8
89-X